Rosalia Battista

Piccola guida al diritto internazionale privato

in materia di
successioni ereditarie e famiglia

Indice

Sull'autrice

Rosalia Battista, avvocata, iscritta all'Albo dal 2007.

Interessata e appassionata di informatica e informatica giuridica e digitale, le piace scrivere.

Ha già pubblicato *on line gli ebooks "Piccola guida al diritto di famiglia"* e *"Piccola guida al diritto delle successioni ereditarie"* oltre a "Piccola guida al diritto internazionale privato in materia successioni ereditarie e famiglia" tutti con appendice normativa linkabile, pubblicati sugli store on line amazon/kdp.com e payhip.com nonché la propria tesi di laurea *"La legge 1 marzo 1886, n. 3682 sulla perequazione dell'imposta fondiaria e i relativi lavori parlamentari"* ed un manoscritto *"Se questo è un uomo come opus unicum del genere"*.

E' appassionata di musica e suona il pianoforte.

Suggerimento di lettura da parte dell'autrice

La guida è composta da una parte introduttiva e da numero cinque parti, queste ultime macroaree, ciascuna delle quali a sua volta è suddivisa in paragrafi.

I paragrafi contengono – durante l'esposizione dell'argomento – le note a piè di pagina che costituiscono un chiarimento dell'argomento nel paragrafo.

Pertanto, per evitare di essere distolti dalla lettura, prima di cominciare la lettura di ciascuna Parte, compresa la parte introduttiva, suggerisco di leggere le note poste a piè di pagina.

La presente guida è la versione cartacea dell'ebook già pubblicato on line sulla piattaforma amazon.com con kdp (kindle direct publishing) nonché sulla piattaforma payhip.com.

Ritengo che questo mio scritto possa riferirsi ad un pubblico vasto: a chi a digiuno della materia perché vuole avvicinarsi anche per curiosità o perché spinto da una casistica che

lo riguarda o a chi, conoscendo l'argomento, volesse ripercorrerne gli aspetti principali - anche con riferimenti pratici.
Con l'augurio di una buona lettura

Introduzione

Le leggi dei vari Stati facenti parte dell'UE sono molto diverse e producono effetti diversi soprattutto per le relazioni informali.

Se si pensa che l'Italia stessa, sebbene avesse affermato nel suo scritto normativo fondamentale all'art 29 della Costituzione, la parità morale e giuridica dei coniugi sin dal 1947 e ciò ha incontrato una difficile attuazione nella realtà della vita quotidiana tanto, che la donna ha dovuto "combattere" ancora per decenni per realizzare nei fatti questo principio già esistente!

Infatti, la progressiva immissione della donna nel mondo del lavoro, favorita dal conseguimento di titoli di studio spesso superiori a quelli che conseguivano in passato, unitamente ad una presa di coscienza ideologico – politico, ha provocato conseguenze giuridiche come l'introduzione della legge sul divorzio e la riforma del diritto di famiglia, la legge sull'interruzione volontaria della gravidanza, fino alla necessaria introduzione degli asili nido al fine di agevolare l'accesso e la continuità lavorativa alla donna madre.

Senza contare che, negli ultimi tempi il concetto famiglia si va ulteriormente evolvendo con la creazione di nuove forme di famiglia: da unioni di fatto, a unioni di persone dello stesso sesso, a persone single per scelta propria nonché unioni con meno figli rispetto al passato.

Questo è certamente un cambiamento irreversibile. A ciò si aggiunga che la situazione contingente economico sociale porta sempre più tardi i giovani a lasciare la casa genitoriale anche per le scarse prospettive di lavoro stabili su cui poter fare affidamento per formare una famiglia e quindi una casa in cui stabilire il nuovo nucleo famigliare.

Questi cambiamenti sono ormai presenti in qualsiasi Paese del mondo.

Si aggiungono, inoltre, ulteriori mutamenti dettati da una più agevole comunicazione e circolazione e quindi instaurazione dei rapporti, delle relazioni con la creazione di coppie "miste", formate cioè da persone provenienti da Stati diversi e diverse culture.

Si tratta di nuove realtà quotidiane della vita privata delle persone che necessitano anche di una regolamentazione da un punto di vista legislativo – per creare uniformità e ordine nella società, soprattutto per trovare dei punti di riferimento nel caso si presentassero delle patologie nei rapporti delle persone.

In questi casi, infatti, è noto che non sia più sufficiente l'accordo o la collaborazione, ma sono necessarie delle regole su cui poter contare sia a livello nazionale sia a livello sovranazionale, oltre i confini del proprio Stato o addirittura dell'Unione europea[1].

---

1 L'Unione Europea (abbreviata in UE o Ue) è un'organizzazione internazionale politica ed economica a carattere sovranazionale, che comprende 27 Stati membri d'Europa.
Nata come Comunità economica europea (CEE) con il trattato di Roma del 25 marzo 1957, e considerata una potenziale superpotenza, nel corso di un lungo processo di integrazione europea, con l'adesione di nuovi Stati membri e la firma di numerosi trattati modificativi, tra cui il trattato di Maastricht del 1992 e l'Unione economica e monetaria con la valuta unica nel 2002, ha assunto la denominazione e la struttura attuale con il trattato di Lisbona del 2007 in cui nacque ufficialmente l'Unione europea, ratificato il 1° dicembre 2009.
Detto trattato di Lisbona, ha unificato i tre pilastri che si erano solidificati negli ultimi 50 anni: la Comunità europea, la Cooperazione giudiziaria e di polizia in materia penale e la PESC.
Al 2020 l'Unione europea conta 27 Stati membri: Austria, Belgio, Bulgaria, Cipro, Croazia, Danimarca, Estonia, Finlandia, Francia, Germania, Grecia,

In particolare, ai fini della legge applicabile, bisogna innanzitutto chiarire se trattasi di un cittadino di uno Stato membro della comunità europea verso cui sarà direttamente applicabile

---

Irlanda, Italia, Lettonia, Lituania, Lussemburgo, Malta, Paesi Bassi, Polonia, Portogallo, Repubblica Ceca, Romania, Slovacchia, Slovenia, Spagna, Svezia e Ungheria.
A seguito della Brexit, il 31 gennaio 2020 il Regno Unito è uscito dall'Unione europea.
Ci sono i seguenti paesi che sono riconosciuti come candidati per l'adesione: Albania, Macedonia del Nord, Montenegro, Serbia e Turchia, l'Islanda ritirò formalmente la domanda di adesione nel 2015, dopo aver sospeso i negoziati nel 2013.
La Bosnia ed Erzegovina e il Kosovo sono ufficialmente riconosciuti come potenziali candidati, con la Bosnia Erzegovina che ha presentato una domanda di adesione.
I quattro paesi che formano l'Associazione europea di libero scambio (AELS) non sono membri dell'UE, ma si sono parzialmente impegnati nell'economia e nei regolamenti dell'UE: Islanda, Liechtenstein e Norvegia, che fanno parte del mercato unico attraverso lo Spazio economico europeo e la Svizzera, che ha legami simili attraverso i trattati bilaterali.
Le relazioni tra i microstati europei, Andorra, Monaco, San Marino e Città del Vaticano includono l'uso dell'euro e altre aree di cooperazione.
Ai fini di quanto approfondito nella presente nota e per completezza anche dell'organizzazione della Comunità Europea, un breve cenno meritano i

ad esempio un Regolamento[2] CE o se sia cittadino di un Paese terzo, entro i confini europei o addirittura oltre.

Ciò sarà significativo perché dovrà corrispondere l'applicazione della relativa disciplina: una Convenzione o un Trattato

"Membri dello spazio Schengen" che consiste in uno dei maggiori risultati raggiunti dall'UE.

Si tratta di un'area senza frontiere interne, una zona all'interno della quale i cittadini, molti cittadini di paesi terzi, chi viaggia per affari e i turisti possono circolare liberamente senza essere sottoposti ai controlli di frontiera. Dal 1985 si è gradualmente allargata e attualmente comprende quasi tutti i paesi dell'UE e alcuni paesi associati che non appartengono all'UE.

Si aggiunge, inoltre, che l'euro (€) è la valuta ufficiale di 19 dei 27 paesi membri dell'UE. Questi paesi costituiscono la cosiddetta area dell'euro (o eurozona).

2 I Regolamenti come le Direttive sono atti normativi emanati dalle istituzioni europee.

In particolare, l'iter di elaborazione ed approvazione della legislazione europea parte obbligatoriamente dalla proposta della Commissione e si conclude con l'accordo fra il Consiglio dell'Unione (c.d. Consiglio dei ministri) e il Parlamento.

La procedura di approvazione più spesso adottata è quella della "codecisione" che pone sullo stesso piano Consiglio e Parlamento.

Le norme così emanate sono: a) le Direttive che definiscono principi da attuare o obiettivi da raggiungere obbligatoriamente per gli Stati membri, lasciando però a questi la scelta dei mezzi giuridici più idonei per realizzarli; b) i Regolamenti sono

internazionale a cui abbia eventualmente aderito il Paese o, appunto, la legge di diritto internazionale privato interno.

Il territorio europeo è molto vasto e complesso rispetto alla sua formazione e organizzazione.

Importante è il principio di cui al Trattamento della Funzione dell'Unione Europea[3]che - rispetto alla cooperazione giudiziaria nelle materie civili con implicazioni transnazionali - è fondata sul principio di riconoscimento reciproco delle decisioni giudiziarie ed extragiudiziali e sulla base di ciò l'Unione può adottare, con la procedura legislativa ordinaria, misure di armonizzazione, intese cioè a

l'equivalente delle nostre leggi: essi sono direttamente ed obbligatoriamente applicati negli ordinamenti di tutti gli Stati membri.

3 Abbreviato TFUE, è stato poi modificato e integrato dal Trattato di Lisbona (che ha recepito il predente Trattato di Nizza), firmato il 13 dicembre 2007 ed entrato in vigore l'1 dicembre 2009 ha attribuito personalità giuridica alla Carta dei Diritti fondamentali e l'ha inclusa al Trattato sotto forma di allegato conferendole carattere giuridicamente vincolante all'interno dell'UE.

Rispetto al precedente Trattato di Nizza, il Trattato di Lisbona abolisce i cosiddetti "tre pilastri", provvede al riparto di competenze tra Unione e Stati membri, rafforza il principio democratico e la tutela dei diritti fondamentali, anche attraverso l'attribuzione alla Carta di Nizza del medesimo valore giuridico dei trattati.

ravvicinare la disciplina materiale degli Stati membri.

L'adozione di misure uniformi nel sistema del diritto in ambito UE, è stata resa difficile dall'introduzione di una disciplina "passerella" nel Trattato di Lisbona che ha consentito al Consiglio, su proposta della Commissione, di decidere, sempre all'unanimità, quali siano gli aspetti del diritto di famiglia aventi implicazioni transnazionali che possono essere regolati mediante atti adottati secondo la procedura legislativa ordinaria.

Di fronte a tale situazione, gli Stati membri hanno adoperato il sistema della cooperazione rafforzata attraverso i regolamenti comunitari con la finalità di uniformare i principi in ambito unionale e by-passare l'ostacolo.

Ad ogni buon conto, il diritto internazionale è un sistema tale per cui ad ogni caso che si presenti vi è una corrispondente disciplina giuridica applicabile e quindi anche un giudice che sarà tenuto a pronunciarsi e a decidere la questione, in caso di mancato accordo delle parti o nel caso anche in cui l'accordo non rispecchi determinati requisiti e tutele.

Accade sempre più spesso, ormai che ci si trovi davanti a coppie italo – francese, spagnolo – austriaco, ceco – tedesco nonché dove uno dei due sia di provenienza di altro continente (statunitense, cinese, canadese, giapponese …) che hanno cittadinanze differenti e decidano di stabilire la loro vita famigliare nel Paese di uno dei due o addirittura in un Paese straniero per entrambi e ciò per le più diverse ragioni, prima fra tutte esigenze lavorative!

Pensiamo per esempio ad un cittadino italiano che si sia trasferito in Svezia per un determinato periodo e poi qui abbia anche una parte dei suoi beni e poi deceduto all'improvviso: si presenta il problema della legge applicabile alla sua successione ereditaria!

Questa commistione di culture, di abitudini, di religioni e quindi anche legislative comporta la necessità di individuare delle regole comuni per la disciplina dei rapporti della vita quotidiana circa le leggi applicabili, il giudice che sarà chiamato a decidere in caso di contrasti tra le persone.

E' di questo che si occupa il diritto internazionale privato.

La famiglia – come tradizionalmente intesa – a seguito delle evoluzioni sociali manifestatesi nel corso del tempo, ha subito delle innovazioni trasferitesi anche nelle normative che regolamentano la disciplina.

Le norme dell'ordinamento italiano, sopratutto, in ambito europeo sono state tra le ultime ad adattarsi alla figura della famiglia come formazione sociale e come nucleo.
Infatti, l'Italia è stato un Paese fortemente tradizionalista dal punto di vista del contenuto giuridico – nonostante fosse circondata da stati dell'Unione Europea che avevano acquisito nell'ordinamento nazionale principi di novità derivanti e dalle trasformazioni sociali e dalle norme comunitarie.
Il 2016 è stato un anno importante per l'Italia, in quanto è entrata in vigore la disciplina che regolamenta le unioni civili e le unioni di fatto – recependo, pertanto, principi ormai consolidati nella vita quotidiana prima ed anche nella giurisprudenza oltre che in alcune normative settoriali.
L'argomento famiglia, con riferimento alla formazione, ai rapporti tra coniugi, ai figli, alla disciplina patrimoniale nonché ai casi di

eventuali patologie del rapporto famigliare con separazione e divorzi e relative conseguenze è disciplinato da numerose discipline normative in ambito unionale.

Ciò è certamente derivato dal principio generale della libera circolazione delle persone su cui si basa anche l'UE (inizialmente CEE).

Pertanto, ad un diritto internazionale privato comunitario si è affiancato un diritto internazionale convenzionale (vengono cioè stipulati tra più Stati veri e propri trattati internazionali aventi lo scopo di unificare, in un determinato settore, le norme di diritto internazionale privato degli Stati parti di tale accordo internazionale che hanno l'obbligo di emanare nel proprio ordinamento le norme di diritto internazionalprivatistico concordate).

Inoltre, la necessità di regolamentare rapporti privati che presentassero elementi di estraneità rispetto all'ordinamento italiano, è stata la motivazione per cui vi è stata l'introduzione della legge sul diritto privato internazionale (legge 218 del 1995).

Essendo una norma speciale, la norma di diritto privato internazionale è prevalente – nei casi di applicazione – rispetto alle altre norme di diritto interno, qualora ci fossero casi privatistici di collegamento tra diversi Stati (ad es matrimonio celebrato in Italia tra cittadini di un altro Stato; è il caso delle numerose Convenzioni dell'Aja in materia di adozione, testamento, divorzio, protezione dei minori ed adozioni internazionale nonché la Convenzione di Roma[4] sulle obbligazioni contrattuali).

---

4 Per Convenzione(i) di Roma, si intendono le convenzioni introdotte dagli organi comunitari volte ad integrare e modificare la Convenzione di Bruxelles del 1968 in materia civile e commerciale, poi modificata dal Regolamento 44/2001.
In particolare, con l'avvio del processo di "comunitarizzazione" del diritto internazionale privato e processuale nell'UE, si è andato introducendo il principio di cooperazione giudiziaria.
Il processo s'è completato con il Regolamento 593/2008, detto "Roma I" (Regolamento), che ha sostituito la Convenzione per quanto riguarda le obbligazioni contrattuali, e con il Regolamento 864/2007, detto "Roma II", che disciplina le obbligazioni extracontrattuali.
La Convenzione si applica alle obbligazioni contrattuali che implichino un conflitto di leggi, ad esclusione pertanto di quei contratti privi di elementi di estraneità ad uno specifico e singolo ordinamento.
La Convenzione ha carattere universale, in quanto si applica anche quando la legge alla quale i suoi principi rinviano non sia la legge di uno Stato contraente. In caso di contrasto con norme di diritto comunitario direttamente applicabili o con le relative norme di recepimento nazionale, è previsto il primato del diritto comunitario.

In Italia la legge 218/1995 è da individuarsi come fonte interna dell'ordinamento giuridico italiano per la regolamentazione del sistema di diritto internazionale privato, mentre da un punto di vista sovranazionale incontriamo le Convenzioni tra i vari Stati di cui l'Italia è Parte oltre poi alle fonti di diritto comunitario (quali ad es le direttive, i regolamenti e le decisioni della CGUE tutti applicabili limitatamente ai rapporti riconducibili agli ordinamenti di Stati aderenti all'UE).

Quando i rapporti giuridici fra le parti di un procedimento presentano elementi di

---

La legge che regola il contratto, individuata secondo le disposizioni su riportate, disciplina:
l'interpretazione del contratto, l'esecuzione delle obbligazioni che ne discendono, le conseguenze dell'inadempimento totale o parziale di quelle obbligazioni, i diversi modi di estinzione delle obbligazioni nonché le prescrizioni e decadenze fondate sul decorso di un termine e le conseguenze della nullità del contratto. Le modalità di esecuzione e le misure che il creditore dovrà prendere in caso di esecuzione difettosa sono regolate dalla legge del paese dove l'esecuzione ha luogo.
S'è aggiunta l'incisiva possibilità, prevista nei protocolli di Bruxelles del 19 dicembre 1988, in vigore dal 1° agosto 2004, di un ricorso pregiudiziale alla Corte di Giustizia Europea per l'interpretazione della Convenzione.

estraneità rispetto all'ordinamento statale, si entra nell'ambito del diritto internazionale privato, branca del diritto interno che individua quali siano le norme di diritto applicabili.

Il diritto internazionale pubblico ha per soggetti gli Stati nei loro rapporti esterni (e in questo contesto la parola mediazione ha un'accezione ed una portata ben diverse); il diritto internazionale privato riguarda, invece, situazioni giuridiche e soggetti collegati a più ordinamenti giuridici statali.

È il caso delle imprese multinazionali, degli istituti bancari, dei migranti come dei consumatori, delle compravendite internazionali, delle successioni all'estero, dei matrimoni fra persone con diversa nazionalità, delle adozioni, ecc. ecc.

Con questo scritto ho inteso divulgare queste conoscenze a chiunque abbia interesse ad avvicinarsi alla materia per avere una base di partenza per la soluzione di un problema o anche semplicemente come cultura personale e curiosità verso un argomento sempre più attuale.

Premesso ciò, ogni caso è a sé e presenta delle peculiarità che vanno affrontate e approfondite singolarmente.

Sebbene questo libro sia del tutto indipendente da altri di carattere giuridico scritti dall'autrice e già pubblicati on line[5], può considerarsi una integrazione dei medesimi nella sua materia.

La scelta della formattazione del presente manuale, dal carattere all'impaginazione, è stata dettata dalla chiara volontà che la materia sia di facile fruizione dai lettori e di più immediata comprensione.

Inoltre, da autrice ho voluto altresì, seguire lo stesso discorso dei miei scritti precedenti della stessa linea, con una parte del manuale dedicata al richiamo alle normative per i lettori che avessero piacere di leggere la norma già spiegata nel corso.

E' con questo spirito di curiosità e conoscenza della materia che deve essere letto questo manuale.

---

5 "Piccola guida al diritto di famiglia" e "Piccola guida al diritto delle successioni ereditarie", ebooks entrambi con appendice normativa linkabile.

PRIMA PARTE

Principi generali

1. Introduzione alla legge sul diritto internazionale privato

La legge italiana sul D.I.P.[6] si occupa di andare ad individuare criteri di collegamento (come ad esempio la cittadinanza dei nubendi o la sede degli immobili compresi nell'asse ereditario) ed elementi di estraneità (luogo di celebrazione del matrimonio o nazionalità del *de cuius*) presenti in un caso al fine dell'individuazione della legge dello Stato applicabile – in base al peso di detti caratteri (appunto, gli elementi di estraneità e/o criteri di collegamento).

Pertanto, la legge di diritto internazionale privato assume la duplice funzione sia di delimitare l'applicabilità del diritto interno al caso concreto che presenti elementi di

---

6 D.I.P. o dip, diritto privato internazionale per richiamare la Legge n. 218 del 1995 (anche L. 218).

estraneità sia l'individuazione della disciplina estera applicabile.

La legge n. 218 del 1995 sulla "Riforma del sistema italiano di diritto internazionale privato" spiega all'art 1 *"La presente legge determina l'ambito della giurisdizione italiana, pone i criteri per l'individuazione del diritto applicabile e disciplina l'efficacia delle sentenze e degli atti stranieri"* il tutto senza pregiudicare l'applicazione delle convenzioni internazionali[7] in vigore per l'Italia.

2. Sulla cittadinanza italiana

Ogni Stato determina le regole per l'attribuzione della cittadinanza la quale può essere in generale riconosciuta sulla base di diversi criteri:

---

7 Per convenzioni internazionali si intendono accordi di due o più Stati, o comunque di soggetti internazionali, con i quali essi assumono obblighi e riconoscono altri diritti, determinando norme di condotta giuridicamente vincolanti. Un esempio – sinonimo sono i trattati.

a) per lo *ius sanguinis*, in forza del quale è cittadino chi nasce da padre o madre cittadini;

b) per lo *ius soli*, per cui è cittadino colui che nasce sul territorio dello Stato;

c) per sistema misto, se divengono cittadini sia i figli di cittadini che coloro che, anche se figli di stranieri, nascono sul territorio statale.

Il nostro Paese con la legge n. 91 del 1992 ha adottato il seguente sistema per l'acquisto della cittadinanza italiana e sono i primi articoli della legge in questione a disciplinare i casi:
- ➢ per nascita:
  a) il figlio di padre o di madre cittadini;
- ➢ b) chi è nato nel territorio della Repubblica se entrambi i genitori sono ignoti o apolidi, ovvero se il figlio non segue la cittadinanza dei genitori secondo la legge dello Stato al quale questi appartengono; c) il figlio di ignoti trovato nel territorio della Repubblica, se non venga trovato il possesso di altra cittadinanza;
- ➢ per i cd casi estensione:

a) il figlio riconosciuto o dichiarato giudizialmente durante la minore età. Se il figlio riconosciuto o dichiarato e maggiorenne conserva il proprio stato di cittadinanza, ma può dichiarare, entro un anno dal riconoscimento o dalla dichiarazione giudiziale, ovvero dalla dichiarazione di efficacia del provvedimento straniero, di eleggere la cittadinanza determinata dalla filiazione.

Le suddette disposizioni si applicano anche ai figli per i quali la paternità o maternità non può essere dichiarata, purchè sia stato riconosciuto giudizialmente il loro diritto al mantenimento o agli alimenti;

b) il minore straniero adottato da cittadino italiano;

c) il coniuge, straniero o apolide, di cittadino italiano quando, dopo il matrimonio, risieda legalmente da almeno due anni nel territorio della Repubblica, oppure dopo tre anni dalla data del matrimonio se residente all'estero, qualora non sia intervenuto lo scioglimento, l'annullamento o la cessazione degli effetti civili del matrimonio e non sussista la separazione personale dei coniugi. I termini sono ridotti della metà in presenza di figli nati o adottati dai coniugi (art. 5 cosi come sostituito dalla L. 15 luglio 2009, n. 94);

➢ per beneficio di legge:

a) lo straniero o l'apolide, del quale il padre o la madre o uno degli ascendenti in linea retta di secondo grado sono stati cittadini per nascita:

a. se presta effettivo servizio militare per lo Stato italiano e dichiara preventivamente di voler acquistare la cittadinanza italiana;

b) se assume un pubblico impiego alle dipendenze dello Stato, anche all'estero, e dichiara di voler acquistare la cittadinanza italiana;

c) se, al raggiungimento della maggiore eta, risiede legalmente da almeno due anni nel territorio della Repubblica e dichiara, entro un anno dal raggiungimento, di voler acquistare la cittadinanza
italiana;

d) lo straniero nato in Italia, che vi abbia risieduto legalmente senza interruzioni fino al raggiungimento della maggiore eta, diviene cittadino se dichiara di voler acquistare la cittadinanza italiana entro un anno dalla suddetta data;

• per naturalizzazione – come disciplinato dall'art. 9 - ossia quando lo straniero abbia reso eminenti servizi all'Italia, ovvero quando ricorra un eccezionale interesse dello Stato.

La cittadinanza italiana è altresì riconosciuta anche a coloro che siano stati cittadini italiani (e ai loro figli e discendenti in linea retta di lingua e cultura italiana), già residenti nei territori facenti parte dello Stato italiano successivamente ceduti alla Repubblica iugoslava[8].

Ciascuno Stato, cosi come può determinare i criteri per l'attribuzione della cittadinanza, allo stesso tempo può anche prevedere una disciplina specifica per i casi di perdita e riacquisto di detto status.

Le cause che comportano la perdita della cittadinanza italiana sono disposti dal combinato disposto degli artt. 11-12, 14 della legge:

a) l'assunzione di un impiego pubblico o di una carica pubblica presso uno Stato estero o un ente internazionale cui non partecipi

---

8 In forza del Trattato di Parigi del 10 febbraio 1947 ovvero in forza del Trattato di Osimo del 10 novembre 1975 (art. 17 bis inserito dalla L. n. 124/2006)

l'Italia o per prestazione di servizio militare per uno Stato estero;

b) quando non si ottemperi all'intimazione che il Governo italiano rivolge di abbandonare l'impiego, la carica o il servizio militare;

c) l'accettazione o il rifiuto di abbandonare un impiego o una carica pubblica, la prestazione di servizio militare senza esservi obbligato o l'acquisto volontario della cittadinanza di uno Stato estero che si trovi in stato di guerra con l'Italia;

d) la rinuncia, qualora il cittadino italiano risieda o stabilisca la residenza all'estero oppure, essendo figlio di persona che ha acquistato o riacquistato la cittadinanza, abbia raggiunto la maggiore eta e sia in possesso di altra cittadinanza.

In ogni caso, la cittadinanza italiana può anche essere riacquistata nelle seguenti ipotesi:

> con la prestazione del servizio militare o assunzione di un impiego pubblico alle dipendenze dello Stato italiano (anche all'estero) e previa dichiarazione di volerla riacquistare;

➤ per rinuncia da parte di un ex cittadino all'impiego o servizio militare presso uno Stato estero con trasferimento, per almeno due anni, della propria residenza in Italia;

con la dichiarazione di riacquisto con stabilimento, entro un anno, della residenza nella Repubblica, ovvero dopo un anno dalla data in cui l'ex cittadino ha stabilito la propria residenza nel territorio italiano, salvo espressa rinuncia.

3. Il criterio della cittadinanza, quale criterio di collegamento principale

Per l'ordinamento giuridico italiano, il criterio di collegamento principale è della cittadinanza o altrimenti chiamato della legge nazionale.

La legge in commento sia in relazione ai rapporti di filiazione, sia alle successioni mortis causa, sia alla capacità delle persone, sia rispetto alla protezione degli incapaci richiama l'applicabilità della legge nazionale (quindi il criterio della cittadinanza) in *primis*.

La legge 218 affronta all'art 19 anche il caso della doppia cittadinanza, stabilendo *"Se la persona ha piu' cittadinanze, si applica la legge di quello tra gli Stati di appartenenza con il quale essa ha il collegamento piu' stretto. Se tra le cittadinanze vi e' quella italiana, questa prevale"* per poi chiarire che *"se questa e' apolide o rifugiata[9] si applica la legge dello Stato del domicilio o, in mancanza, la legge dello Stato di residenza"*.

------

9   Un apolide (dal greco a-polis"senza città") è un uomo o una donna che non possiede la cittadinanza di nessuno stato. Sono circa 10 milioni gli apolidi nel mondo (si tratta di una stima, non esiste una cifra esatta).
Alcuni apolidi sono anche rifugiati, ma non tutti i rifugiati sono apolidi e molti apolidi non hanno mai attraversato una frontiera.
Come si diventa apolidi? La condizione di apolidia non dipende da una scelta o dalla volontà dei singoli. Si è apolidi per una (o più) delle seguenti ragioni: a) se si è figli di apolidi o se si è impossibilitati a ereditare la cittadinanza dei genitori; b) se si è parte di un gruppo sociale cui è negata la cittadinanza sulla base di una discriminazione; c) se si è profughi a seguito di guerre o occupazioni militari; d) per motivi burocratici, se lo Stato di cui si era cittadini si è dissolto e ha dato vita a nuove entità nazionali (è questo il caso dell'ex Urss o della ex Jugoslavia); e) per incongruenze e lacune nelle leggi sulla cittadinanza dei diversi Stati.

Di seguito alcuni esempi di applicazione del criterio di collegamento della cittadinanza o della legge nazionale:

> l'art 23 intitolato "*Capacita' di agire delle persone fisiche*" - che al primo comma stabilisce "*La capacita' di agire delle persone fisiche e' regolata dalla loro legge nazionale. Tuttavia, quando la legge regolatrice di un atto prescrive condizioni speciali di capacita' di agire, queste sono regolate dalla stessa legge*";

> l'art 33 intitolato "Filiazione" al primo comma prevede "*Lo stato di figlio e' determinato dalla legge nazionale del figlio o, se piu' favorevole, dalla legge dello Stato di cui uno dei genitori e' cittadino, al momento della nascita*";

> l'art 46 intitolato "Successione per causa di morte" che comincia prevedendo "*La successione per causa di morte e' regolata dalla legge nazionale del soggetto della cui eredita' si tratta, al momento della morte*";

> l'art 56 intitolato "*Donazioni*" stabilisce "*Le donazioni sono regolate dalla legge nazionale del donante al momento della donazione*"

➢ nonché l'art 43 dal titolo "*Protezione dei maggiori di età*" che al primo comma anche prevede "*I presupposti e gli effetti delle misure di protezione degli incapaci maggiori di eta', nonché i rapporti fra l'incapace e chi ne ha la cura, sono regolati dalla legge nazionale dell'incapace*".

3.1. Altri esempi di criteri di collegamento

Oltre al criterio della cittadinanza, la legge in questione prende in considerazione, altri criteri di collegamento – soprattutto per argomenti differenti dalla materia famiglia.
Tra questi vi è il criterio di collegamento del luogo in cui è avvenuto il fatto dal quale esse derivano[10] e per la disciplina del possesso e

____

10 E' il caso, ad esempio, di quanto statuito con l'art 62 inerente la "Responsabilità per fatto illecito" il quale prevede che "*La responsabilita' per fatto illecito e' regolata dalla legge dello Stato in cui si e' verificato l'evento*" sebbene "*il danneggiato puo' chiedere l'applicazione della legge dello Stato in cui si e' verificato il fatto che ha causato il danno*".
Mentre ai fini di celerità e uniformità di pronunciamenti, aggiunge "*Qualora il fatto illecito*

per i diritti reali in generale si applica – come criterio di collegamento – quello del luogo in cui le stesse cose si trovino (v. art 51).

Il sistema di diritto internazionale privato, indica ulteriori e alternativi criteri di collegamento:

> quello del luogo in cui deve essere eseguita l'obbligazione, in materia di titoli di credito, nello specifico ad es la cambiale, l'assegno come contenuto nell'articolo 59;

> quello della manifesta volontà delle parti, in merito alle obbligazioni contrattuali di cui all'art 57 richiamando la Convenzione di Roma del 1980 che fissa il criterio della volontà delle parti da tenere in considerazione.

I criteri di collegamento presi in considerazione dalla legge ed applicabili al caso, possono consistere, pertanto, in criteri di fatto (come ad esempio quello in cui sono collocate le cose), in criteri giuridici (ossia la cittadinanza, il domicilio), criteri costanti (ossia

____

coinvolga soltanto cittadini di un medesimo Stato in esso residenti, si applica la legge di tale Stato".

criteri destinati a rimanere immutati come il luogo in cui è avvenuto un illecito o dove si trovano le cose) nonché in criteri variabili (come la cittadinanza, la residenza, il domicilio).

Vi è altresì, il caso di criteri di collegamento in compresenza o in concorso: successivo (è il caso di cui all'art 26 della legge, inerente la promessa di matrimonio); o alternativo (è il caso di cui all'art 48 riguardo le varie forme del testamento e in base al quale si producono diverse conseguenze); concorso cumulativo (è il caso di cui all'art 35 sulla filiazione, al quale si applica il criterio prevalente della cittadinanza, ma nel caso di genitori di due nazionalità diverse, si richiamano cumulativamente altri criteri allo stesso livello).

6. Dal criterio di collegamento ... al rinvio della legge dello Stato applicabile

Dopo aver individuato il criterio di collegamento in un caso specifico, la questione del rinvio presuppone che il richiamo di un ordinamento straniero da parte delle norme di conflitto[11] dello Stato del foro sia riferito, in prima battuta, alle norme di conflitto di quell'ordinamento.

Ciò è rilevante nella misura in cui queste ultime rinviano alla legge di un altro Stato – non considerando competente l'ordinamento cui appartengono.

6.1. I casi di rinvio indietro e di rinvio oltre

Un caso particolare è l'ipotesi del cosiddetto 'rinvio oltre' (o di secondo grado), previsto nell'art. 13, comma 1, della l. 218/1995.

Tale caso ricorre quando il diritto internazionale privato straniero rinvia alla legge di un terzo Stato il quale accetta il rinvio al proprio ordinamento giuridico che verrà quindi

---

11 *Norma di conflitto*, nell'ambito del diritto internazionale privato, si parla di quando un giudice si trova a fare i conti con una controversia che coinvolge soggetti di Stati diversi. Il problema è stato risolto dal diritto internazionale privato, ovvero dalla norma di conflitto, cioè quella norma che indica al giudice la legge applicabile.

applicato; in questo caso si crea un sistema coordinato tra gli ordinamenti.

Ricorre invece l'ipotesi del cosiddetto 'rinvio indietro' o di primo grado, quando l'ordinamento straniero richiamato da una norma del sistema italiano di diritto internazionale privato rinvia, a sua volta, alla legge italiana – in tal caso ordinamento richiamante.

Vi sono poi delle ipotesi particolari in cui la delicatezza degli interessi coinvolti ha spinto il legislatore a limitare il rinvio (sia esso oltre o indietro): ciò è quanto accade nel caso in cui la loro applicazione vulneri, escludendolo, il rapporto di filiazione (cd. rinvio *in favorem*).

Un'altra limitazione è poi data dalle cosiddette norme di applicazione necessaria, ovvero quelle disposizioni che si applicano in deroga alla disciplina e ai meccanismi del diritto internazionale privato (e che, per questo, sono state anche definite come "norme internazionalmente imperative").

Ancora una volta il terreno di maggior presenza di queste norme si ritrova in ambiti sensibili come il diritto di famiglia.

Secondo l'art. 13, comma 2, della l. 218/1995, il rinvio è escluso se l'applicazione della legge straniera è frutto della scelta degli interessati, nonché se si tratta di richiamare disposizioni concernenti la forma degli atti o la disciplina delle obbligazioni non contrattualistica.

Ne consegue che, riguardando le ipotesi menzionate, il rinvio oltre e il rinvio indietro – anche considerati i casi di esclusione – limitano la loro applicazione a casi molto ridotti.

In materia di successione mortis causa (quindi ex art 46 della L. diritto internazionale privato), si può richiamare l'esempio di un cittadino boliviano deceduto in Italia.

In tal caso e in considerazione della normativa presente, la casistica deve essere regolata dalla legge nazionale del *de cuius* anche se i beni dell'asse ereditario si trovano ad es. in Francia.

Supponendo, però, che l'ordinamento boliviano contenga una specifica norma di d.i.p. che, in materia di successione, attribuisca la competenza a regolarla all'ordinamento del luogo in cui si trovano i beni ereditari, si assisterà, a meno di non escludere dall'ambito del primo richiamo le norme di diritto internazionalprivatistico, ad un tipico fenomeno di rinvio oltre: dall'Italia alla Bolivia, dalla Bolivia alla Francia.

Mentre, volendo adattare il predetto caso all'esempio di rinvio indietro, se nell'esempio richiamato, i beni dell'asse ereditario fossero collocati proprio in Italia, l'ordinamento boliviano, richiamato da quello italiano, finirebbe per rinviare a quest'ultimo.

6.2. Sull'interpretazione evolutiva del diritto internazionale privato

Nel caso del rinvio formale, l'ordinamento richiamante riconosce direttamente all'ordinamento straniero la competenza ad emanare norme giuridiche applicabili al settore con l'effetto che sono direttamente applicabili norme straniere nel territorio dello Stato richiamante.

Il rinvio materiale si manifesta quando la norma straniera si intende incorporata nella norma di richiamo e recepita nella norma nazionale.

Nell'ordinamento giuridico italiano, le norme di diritto internazionale privato trovano il loro riconoscimento nella legge fondamentale ossia la Costituzione italiana in virtù degli artt 10[12] e 11[13].

Inoltre, l'art 15 della legge n. 215 indica che il richiamo alle norme straniere è dinamicamente inteso – nel senso che, qualora si presentassero i requisiti, i giudici italiani devono comportarsi come i giudici stranieri quindi applicarlo nel complesso.

L'art 14 della legge n. 218 *"L'accertamento della legge straniera e' compiuto d'ufficio dal giudice. A tal fine questi puo' avvalersi, oltre che degli strumenti indicati*

---

12 Art 10 Costituzione italiana: *"L'ordinamento giuridico italiano si conforma alle norme del diritto internazionale generalmente riconosciute. La condizione giuridica dello straniero e' regolata dalla legge in conformita' delle norme e dei trattati internazionali. Lo straniero, al quale sia impedito nel suo paese l'effettivo esercizio delle liberta' democratiche garantite dalla Costituzione italiana, ha diritto d'asilo nel territorio della Repubblica, secondo le condizioni stabilite dalla legge. Non e' ammessa l'estradizione dello straniero per reati politici"*.

13 Art 11 Costituzione italiana: *"L'Italia ripudia la guerra come strumento di offesa alla liberta' degli altri popoli e come mezzo di risoluzione delle controversie internazionali; consente, in condizioni di parita' con gli altri Stati, alle limitazioni di sovranita' necessarie ad un ordinamento che assicuri la pace e la giustizia fra le Nazioni; promuove e favorisce le organizzazioni internazionali rivolte a tale scopo"*.

dalle convenzioni internazionali, di informazioni acquisite per il tramite del Ministero di grazia e giustizia; puo' altresi' interpellare esperti o istituzioni specializzate" e addirittura il Giudice italiano nell'applicazione della normativa straniera in Italia deve applicare il diritto straniero seguendo criteri evolutivi[14] e propri dell'ordinamento di provenienza della legge straniera.

Ai fini della individuazione prima e applicazione e interpretazione della legge straniera poi, occorrerà valutare anche i casi di sistemi giuridici complessi come il caso di Stati federali (un esempio, gli USA) o anche come accade per il sistema italiano (dove vi sono anche norme delle Regioni).

Quanto innanzi, è l'applicazione del principio di cui all'art 18 della legge che prevede: *"Se nell'ordinamento dello Stato richiamato dalle disposizioni della presente legge coesistono piu' sistemi normativi a base territoriale o*

---

14 Per interpretazione evolutiva o secondo criteri evolutivi si intende l'evoluzione della società in tema di diritti e il riconoscimento della persona adattando all'uopo l'interpretazione della legge al caso specifico.
Spesso l'interpretazione evolutiva è contrasto con l'interpretazione storica

personale, la legge applicabile si determina secondo i criteri utilizzati da quell'ordinamento.

2. Se tali criteri non possono essere individuati, si applica il sistema normativo con il quale il caso di specie presenta il collegamento più stretto".

Ciò vuol dire che si terranno in considerazione, l'organizzazione legislativa dell'ordinamento anche straniero che, eventualmente, sarà richiamato ai fini dell'individuazione della legge. Nel caso in cui gli ordinamento stranieri fossero plurimi e addirittura contrastanti, il giudice ai fini dell'applicazione dovrà individuare e scegliere quello che più si adatti o addirittura quello nazionale.

7. Sui criteri preliminari seguiti dai giudici italiani ai fini dell'applicazione della norma di D.I.P.: norme di applicazione necessaria e di ordine pubblico

Occorre rilevare che, in ogni caso, anche ai fini dell'applicazione della legge straniera in Italia, i principi della Costituzione italiana sono sempre validi e soprattutto prevalenti.

Infatti, il giudice italiano è sempre tenuto ad applicare normative che seppur straniere i principi non contrastino con la Costituzione italiana.

Ne consegue che, la normativa straniera subisce delle limitazioni di fronte alle norme di applicazione necessaria e ai principi in contrasto con l'ordine pubblico in virtù degli artt 16 e 17 della legge.

In particolare, l'applicazione di norme necessarie è dettata da specifiche esigenze d'interesse nazionale dell'ordinamento giuridico italiano secondo cui vi sono dei principi e discipline che sono sempre e comunque applicabili.

Le norme di applicazione necessaria costituiscono un limite preventivo; si tratta di norme interne che, in considerazione del loro oggetto e del loro scopo, sono ritenute irrinunciabili per l'ordinamento italiano e, come tali, devono essere applicate nonostante il virtuale richiamo della legge straniera eventualmente operato per quella materia dalla norma di conflitto.

L'art. 17 della L. 218/95, infatti, prevede: "*è fatta salva la prevalenza sulle disposizioni che seguono delle norme italiane che, in conscansiderazione del loro oggetto e del loro scopo, debbono essere applicate nonostante il richiamo alla legge straniera".*

Un'altra norma che incide nell'applicazione della legge, nel sistema internazionalprivatistico è l'art 16 legge 218 che nello specifico dispone: *"La legge straniera non e' applicata se i suoi effetti sono contrari all'ordine pubblico"* e al secondo comma prosegue *"In tal caso si applica la legge richiamata mediante altri criteri di collegamento eventualmente previsti per la medesima ipotesi normativa"*, specificando che *"In mancanza si applica la legge italiana".*
Una semplice difformità tra la legge straniera applicata e quella italiana non fa sussistere l'eventuale contrarietà all'ordine pubblico.
Così in materia di matrimonio la nozione di ordine pubblico riguarda l'incompatibilità con i principi fondamentali e irrinunciabili dell'ordinamento (vedi convenzione dell'Aja 1 giugno 1970 in tema di riconoscimento e divorzio e art.15 del regolamento CE n.1347/2000).

7.1. Sull'ordine pubblico

Il concetto di ordine pubblico internazionale individua il complesso dei principi, posti dalla Costituzione, dal diritto dell'UE e dalla leggi, che sono così caratterizzanti da costituire il cardine della struttura etica, sociale e giuridica della comunità nazionale in un determinato momento storico, e che quindi debbono essere rispettati per mantenere l'armonia del sistema giuridico interno.

Esso ha, dunque, carattere relativo sia nel tempo sia nello spazio ed è un limite che opera successivamente al richiamo del diritto straniero da parte delle norme di conflitto ed in senso negativo.

Vista la sua indeterminatezza, l'accertamento dell'ordine pubblico deve essere operato caso per caso.

La definizione e l'individuazione dell'ordine pubblico nella norma è inteso da un punto di vista di diritto internazionale in considerazione della provenienza e della disciplina giuridica della norma dotata di internazionalità.

In particolare, la relatività è da intendersi come trasformazione che subisce nel tempo e nello spazio - come per esempio dovuta ai mutamenti dei costumi e dell'etica sociale: vedi il caso del divorzio che fino a qualche anno fa era anche inteso come contrario all'ordine pubblico in Italia dove vigeva il principio della indissolubilità del matrimonio o tutt'ora i casi di poligamia sebbene non del tutto sconosciuta in alcuni Paesi della cultura occidentale.

L'indeterminatezza consistente nel considerare ed interpretare l'ordine pubblico in maniera elastica in quanto il giudice si deve astenere dall'applicare la normativa estera ogni qual volta dovesse individuare una norma in contrasto con i principi di ordine pubblico dell'ordinamento italiano.

All'uopo, dalla giurisprudenza, l'ordine pubblico è stato anche specificato come quell'insieme di *"principi fondamentali dell'ordinamento che non possono essere derogati senza grave turbamento dell'ordine sociale"*, come *"basi etiche della convivenza civile nazionale"*, cardine della struttura economico - sociale della comunità nazionale in un determinato momento storico nonché regole inderogabili e fondamentali immanenti ai più importanti istituti giuridici nazionali.

Determinante, diviene, infatti la normativa da applicarsi ad una casistica, in considerazione del principio di cui all'art 16 della legge, per gli effetti che l'applicazione della norma estera potrebbe esplicare nel nostro ordinamento e per le conseguenze differenti che l'applicazione di una normativa di un altro Stato potrebbe portare – anche destabilizzando l'equilibrio interno.

Pertanto, la disciplina inerente la tutela dell'ordine pubblico prevede che si prediliga l'ordinamento italiano dopo l'individuazione della norma straniera ritenuta in contrasto con i principi di ordine pubblico nazionali mentre l'applicazione necessaria prevede la preventiva applicazione dell'ordinamento giuridico italiano – senza cominciare l'individuazione della legge straniera eventualmente applicabile.

La finalità è quella di impedire che nell'ordinamento italiano possano trovare ingresso e trovare applicazione in Italia norme ed istituti che si pongono in contrasto con quei fondamentali principi del nostro ordinamento che costituiscono le basi etiche della comunità nazionale.

Un ulteriore criterio di collegamento individuato dalla legge 218, è quello della reciprocità ossia andare a vedere se l'ordinamento straniero chiamato dall'ordinamento dello Stato chiamante avrebbe rimandato in casi simili alla legge di quest'ultimo.

Questo principio è dettato da un aspetto egoistico degli ordinamenti giuridici volto a voler affermare la superiorità di uno Stato e delle sue leggi.

Mentre l'art 16 con i suoi limiti di applicazione, attiene solamente al godimento di diritti civili a favore dello straniero residente nel nostro territorio italiano.

8. Sul commercio internazionale e sulla individuazione della normativa applicabile

La lex mercatoria è quell'insieme di norme consuetudinarie non scritte, ripetute nel tempo e ritenute valide nell'ambito della contrattualistica e dei rapporti commerciali, dettate da protocolli, rapporti e regole periodicamente aggiornate dalla Camera di Commercio internazionale.

Poiché dette norme si ritengono prevalenti rispetto al diritto internazionale privato, possono farsi rientrare tra le cosiddette norme di applicazione necessaria – da applicarsi limitatamente ai rapporti di commercio internazionale.

Nell'ambito della materia del commercio internazionale vi è l'orientamento, derivante dal mondo di *common law*[15], di redigere contratti dettagliati e autonormativi (anche definito "*self-regulatory*").

____

15 Common law,espressione anglosassone utilizzata per riferirsi a Paesi il cui ordinamento giuridico si basa sui precedenti giudiziari, dove le sentenze dei giudici sono vincolanti per i successivi casi simili e il diritto scritto e le normative acquistano un ruolo secondario.

Il common law, si contrappone al civil law, di derivazione romana e i cui ordinamenti sono basati sulla codificazione, dove la fonte primaria è la legge e dove sono le fonti normative scritte che devono guidare la magistratura affinché la applichi al caso concreto.

Comunque, di recente, anche i Paesi che utilizzano il sistema di common law, stanno attribuendo sempre più rilevanza alle leggi scritte e alle fonti normative – fermo restando il ruolo delle decisioni dei giudici.

In tal modo si riducono i problemi interpretativi e le possibilità di integrazione del contenuto contrattuale ad opera della legge

In caso di insorgenza di una controversia, l'interprete (sia esso giudice o arbitro) dovrà individuare un diritto nazionale sulla base del quale poter colmare le lacune non definite dai contraenti.

Nello svolgere tale ricerca, egli farà riferimento a un gruppo di norme, di diritto internazionale privato ("*conflict rules*"), le quali gli permetteranno di stabilire qual é il diritto (o i diritti) applicabile (i) al contratto.

Questa soluzione, però, introduce degli elementi di imprevedibilità e incertezza.

Le norme di diritto internazionale privato infatti variano da ordinamento a ordinamento (e quindi da Paese a Paese); pertanto la legge che verrà ritenuta applicabile al contratto sarà palesemente diversa a seconda del giudice che per primo verrà adito.

Questi, con tutta probabilità, sceglierà le norme internazional-privatistiche del proprio ordinamento giuridico.

E in base al diritto applicato, verrà modificato anche il risultato del giudizio.

Per questo, è auspicabile che le parti scelgano a priori il diritto sostanziale applicabile al contratto mediante una clausola ad hoc (*pactum de lege utenda*): il contratto "*è interamente sottoposto al diritto [...], che ne regola la conclusione, esecuzione e cessazione, ed in base al quale esso sarà interpretato, anche al fine della risoluzione delle controversie da esso nascenti*".
Si noti che la maggior parte dei Paesi al mondo - sia di *civil law* che di *common law* ammette la possibilità che le parti di un contratto internazionale scelgano liberamente la legge ad esso applicabile (nell'ordinamento italiano art. 1322 c.c.).

In ambito UE, la materia della legge applicabile al contratto era regolata, fino al 17 dicembre 2009 dalla Convenzione di Roma (1980) sulla legge applicabile alle obbligazioni contrattuali.
La Convenzione è stata "rimodernata" attraverso il Regolamento CE del 17 giugno 2008 n° 593 entrato in vigore il 17 dicembre 2009.
La scelta operata dalle parti in merito alla legge applicabile al contratto internazionale ne

determina: l'interpretazione, l'esecuzione delle obbligazioni che ne discendono, le conseguenze dell'inadempimento di tali, il risarcimento dei conseguenti danni, l'estinzione, le conseguenze della nullità del contratto internazionale.

Visto il carattere universale del Regolamento (come indicato nell'art. 2), le parti potranno designare come legge applicabile al contratto non solo le normative nazionali degli Stati membri, ma anche la legge di uno Stato che non è parte dell'Unione europea.

L'art. 3 del Regolamento n° 593 (confermando il contenuto di quanto già stabilito in sede di Convenzione precedente) ha confermato in linea di principio - che le parti siano libere di scegliere la legge applicabile al loro rapporto.

L'art. 3 della Convenzione di Roma prevede infine la possibilità, per le parti, di assoggettare il contratto a più leggi nazionali diverse.

Questa tecnica di frazionamento e scomposizione del contratto in più parti con il conseguente assoggettamento di ciascuna parte ad una legge differente, ha suscitato molte critiche ai fini della coerenza del quadro giuridico.

Inoltre, le parti hanno la possibilità di modificare, di comune accordo, la legge precedentemente scelta come regolatrice del contratto, o di effettuare tale scelta anche in un momento successivo alla conclusione del contratto.

Con riguardo a questo aspetto, il *common law* assume una posizione più rigida, in quanto, una volta effettuata la scelta del diritto applicabile, ritiene che non sia più possibile modificarla.

In ogni caso, qualora tutti gli altri elementi pertinenti alla situazione siano ubicati in un paese diverso da quello la cui legge è stata scelta, tale scelta effettuata dalle parti non potrà pregiudicare l'applicazione delle disposizioni (interne e comunitarie) alle quali non è permesso derogare contrattualmente.

Questa disposizione è volta a scoraggiare la scelta di una legge straniera a contratti che non presentino realmente elementi di internazionalità ed è effettuata al solo fine di sottrarsi a qualche disposizione di legge non gradita (si pensi all'indennità di fine rapporto dovuta dal preponente all'agente in forza della normativa comunitaria e italiana).

Il contratto sarà diversamente regolato a seconda della specifica materia oggetto di contratto tra quelle indicate dal Regolamento n° 593/2008 all'art. 4, comma 1, dalla lettera a) alla lettera h): vendita di beni, prestazione di servizi, vendita/locazione immobiliare, franchising, distribuzione, vendita di beni all'asta, vendita multilaterale di strumenti finanziari. In particolare, nel caso di vendita di beni o di prestazione di servizi si applicherà, rispettivamente, la legge del paese di residenza abituale del venditore o del prestatore di servizi.

Come già detto, in materia di franchising, troverà applicazione la legge del paese di residenza abituale dell'affiliato e, in materia di distribuzione, sarà applicabile quella del paese di residenza abituale del distributore. In tali due ultimi casi, vi è un contrasto con la prassi internazionale - diretta a non frantumare la legge applicabile alle catene di franchising e di distribuzione – che spesso considera applicabile, rispettivamente, la legge del paese di residenza del *franchisor* e del concedente.

Qualora invece si versi in materia di diritti reali o di locazione aventi ad oggetto immobili il relativo contratto sarà disciplinato dalla legge del paese in cui l'immobile è situato.

Il contratto di vendita di beni all'asta sarà disciplinato dalla legge del paese nel quale ha luogo la vendita.

Per i contratti (multilaterali) di acquisto di strumenti finanziari, se predisposti in base a criteri non discrezionali e disciplinati in base a un'unica legge, sarà applicabile tale legge.

Invece, se il contratto non rientra tra quelli specificamente indicati dal Regolamento n° 593/2008 (contratto atipico), oppure si tratta di un contratto misto o complesso (cioè composto, allo stesso tempo, da diversi tipi contrattuali), si dovrà fare riferimento alla legge del paese nel quale la parte che deve fornire la prestazione caratteristica del contratto ha la residenza abituale.

Quando dall'insieme della fattispecie concreta risulta chiaramente che il contratto presenta un collegamento più stretto con un paese diverso da quello indicato si applicherà la legge di questo paese e, quindi, non opereranno i criteri elencati all'art. 4 per i singoli tipi contrattuali (art. 4, comma3).

Se la legge non può essere determinata

in base ai criteri sopra visti, il contratto sarà disciplinato dalla legge del paese con il quale presenta il collegamento più stretto (art. 4, comma 4).

SECONDA PARTE

Sulle materie oggetto della legge sul diritto privato internazionale

1. Sulla capacità e stato della persona

Per stato di una persona si intende la posizione giuridica che un soggetto occupa all'interno di una società organizzata come destinatario di diritti e doveri.
Lo stato, ai fini della legge sul sistema di diritto internazionale privato, diviene importante in quanto legato a vicende personali (quali il matrimonio, la filiazione, l'adozione, la capacità …) mentre non attiene ai diritti della personalità[16].

---

16 *Diritti della personalità*, sono diritti soggettivi assoluti aventi ad oggetto aspetti essenziali della personalità umana. Non hanno carattere patrimoniale, sono inalienabili, intrasmissibili, irrinunciabili, imprescrittibili. Per esempio: diritto alla vita e integrità fisica ., diritto al nome, diritto all'onore,

Il criterio di collegamento della cittadinanza quale criterio prevalente – nonostante le proprie limitazioni di cui innanzi – è utilizzato per determinare l'individuazione delle norme da applicare agli aspetti fondamentali della persona.

Mentre l'art 20 (della legge 218) fa riferimento al fatto che la capacità (di agire[17] e giuridica)[18] di una persona è dettata dalla legge dello Stato di provenienza.

L'art 43 della legge 218 in relazione agli incapaci, interdetti, inabilitati – richiama l'applicabilità della legge nazionale dell'incapace e comunque rispetto ai minori non accompagnati e non sottoposti alla potestà dei genitori.

La normativa base cui fare riferimento è sempre la Convezione dell'Aja del 5 ottobre

---

diritto alla riservatezza, diritto all'identità personale.

17 *Capacità di agire*, è l'attitudine del soggetto a compiere atti che incidano nella propria sfera giuridica. Si acquista con la maggiore età (18 anni) e si conserva fino alla morte, a meno che non venga meno nei casi previsti dalla legge.
Per ciascuna incapacità di agire è preordinato un istituto di protezione del soggetto incapace

18 Con *capacità giuridica,* si acquista con la nascita e dura per tutta la vita.

1961 e come legge da applicare si fa riferimento alla legge di residenza del minore.

La legge nazionale di un soggetto si applicherà anche ai diritti della personalità di un soggetto quali il diritto alla vita, alla integrità fisica, alla riservatezza, al nome … - con esclusione delle norme di applicazione necessaria (come, ad esempio, la legge sul diritto d'autore[19]) di cui all' art 24 legge 218.

A differenze delle persone fisiche, rispetto alle persone giuridiche[20,] l'art. 25 precisa che sarà applicabile la legge dello stato dove sia avvenuta la costituzione del soggetto giuridico.

---

19 *Legge sul diritto d'autore*, Legge 22 aprile 1941 n. 633.

20 *Persona giuridica,* un ente riconosciuto dall'ordinamento come un soggetto di diritto autonomo, ossia dotato di capacità giuridica distinta da quelle delle persone fisiche che le costituiscono, insieme all'elemento patrimoniale. La persona giuridica opera per il raggiungimento di fini generali (p.g. di diritto pubblico, per esempio lo Stato) o individuali (ad esempio società di capitali, come una banca, un altro tipo di azienda nonché un'associazione), che il singolo non sarebbe in grado di realizzare.

Elementi costitutivi sono le persone, un patrimonio, uno scopo e il riconoscimento da parte dell'ordinamento

La capacità e le altre condizioni per costituire l'unione civile sono regolate dalla legge nazionale di ciascuna parte al momento della costituzione dell'unione civile.

Se la legge applicabile non ammette l'unione civile tra persone maggiorenni dello stesso sesso si applica la legge italiana.

Infatti, in tal senso, le disposizioni di cui all'articolo 1, comma 4, della legge 20 maggio 2016, n. 76[21], sono tra le norme a considerarsi di applicazione necessaria. 2. *"Ai fini del nulla osta di cui all'articolo 116, primo comma, del codice civile, non rilevano gli impedimenti relativi al sesso delle persone"*.

2. Sui rapporti di famiglia

In relazione ai rapporti di famiglia, gli artt 25 e ss della legge che disciplinano, in *primis* gli sponsali ossia la promessa di matrimonio e gli obblighi derivanti – in quanto inerenti i rapporti di famiglia e le sue conseguenze.

Pertanto, i rapporti di famiglia e le conseguenze derivanti saranno disciplinati dalla legge nazionale dei due nubendi e in caso di mancanza di una legge comune si

---

21 Art 1 comma 4 L. 76/2016, si riferiscono

applicherà la legge italiana (in virtù di un criterio di collegamento neutro).

La normativa sul diritto internazionale privato prende in considerazione gli aspetti seguendo tutto il percorso dell'evolversi della disciplina *famiglia*: sin dai requisiti richiesti al fine di poter contrarre matrimonio ad esempio fino alla fase della celebrazione e dei conseguenti rapporti derivanti nonché i casi di patologia dei medesimi.

Per contrarre matrimonio[22] in Italia ai soggetti stranieri devono applicarsi contemporaneamente sia l'articolo 27 della richiamata legge, inerente i requisiti previsti dalla legge nazionale di ciascuno dei nubendi sia l'art 116[23] cc secondo cui l'ordinamento giuridico italiano richiede il rispetto dei principi della legge italiana – in quanto norma di applicazione necessaria (in particolare, con riferimento all'età, la libertà di stato, i casi di divieti di matrimonio per gli interdetti, coloro i

---

22 In particolare, cfr ebook "*Piccola guida al diritto di famiglia*" già citato e della sottoscritta.

23 Nella nuova formulazione, a seguito della introduzione della legge 20 maggio 2016, n. 76 dal titolo "*Regolamentazione delle unioni civili tra persone dello stesso sesso e disciplina delle convivenze*"

quali siano legati da alcuni legami di parentela e affinità ...).

Inoltre, il secondo comma dell'art 27 precisa che lo stato libero acquistato da un soggetto straniero in virtù dell'applicazione dell'ordinamento giuridico italiano rimane fermo.

Entrando ancor più nel particolare, per l'ordinamento giuridico italiano non sono riconosciuti matrimoni poligamici e matrimoni che non rispettino l'età minima prevista dei nubendi.

Si ricordino i matrimoni tra persone dello stesso sesso che fino a qualche anno fa, la società italiana riteneva in contrasto insanabile con quel patrimonio di tradizioni, valori e principi che costituiscono il fondamento, in ciascun periodo storico, dell'atteggiamento etico giuridico caratterizzante dall'ordinamento nazionale – principio confermato dalla giurisprudenza di qualche tempo fa (per es, tra le numerose pronunce in tal senso, dal Tribunale di Latina, maggio - giugno 2005 n. 3).

La conseguenza della introduzione della legge sulle unioni di fatto nell'ordinamento giuridico italiano nel 2016 è stata l'introduzione dell'art 30bis[24] nella legge legge 218 – relativo ai contratti di convivenza.

La legge sull'unione civile ha comportato l'integrazione della legge sul DIP particolarmente prevedendo che in Italia *"Ai fini del nulla osta di cui all'articolo 116, primo comma, del codice civile, non rilevano gli impedimenti relativi al sesso delle parti"* precisando che *"I rapporti personali e patrimoniali tra le parti sono regolati dalla legge dello Stato davanti alle cui autorita' l'unione e' stata costituita"*[25].

Tanto da specificare che se la legge applicabile non ammette l'unione civile tra persone maggiorenni dello stesso sesso si applica la legge italiana ritenendo ed elevando le disposizioni di cui all'articolo 1, comma 4, della legge 20 maggio 2016, n. 76, a norme di applicazione necessaria.

---

24 *"Ai contratti di convivenza si applica la legge nazionale comune dei contraenti.*
Ai contraenti di diversa cittadinanza si applica la legge del luogo in cui la convivenza è prevalentemente localizzata. 2. Sono fatte salve le norme nazionali, europee ed internazionali che regolano il caso di cittadinanza plurima» (art 30 bis legge 218/1995).

25 Confronta art 32 ter della legge n. 218 del 1995 e successive integrazioni e modificazioni già richiamata

Ed ha contribuito il diritto vivente delle Corti di Strasburgo[26] e Lussemburgo[27] ad imprimere al "principio famiglia" (come tradizionalmente intesa) una *vis* espansiva da determinare l'eliminazione dei confini

26 *Corte di Strasburgo*, a Strasburgo ha sede la Corte europea dei diritti dell'uomo (abbreviata in CEDU o Corte EDU) che è un organo giurisdizionale internazionale, istituita nel 1959 dalla Convenzione europea per la salvaguardia dei diritti dell'uomo e delle libertà fondamentali (CEDU) del 1950, per assicurarne l'applicazione e il rispetto. Vi aderiscono quindi tutti i 47 membri del Consiglio d'Europa.
Sebbene abbia sede a Strasburgo, la Corte Europea dei Diritti dell'Uomo non fa parte dell'Unione europea. La CEDU da non confondersi con la CGUE di cui alla prossima nota, anche per competenza.
Infatti, le sentenze della Corte dei Diritti dell'Uomo in contrasto con le leggi di uno Stato membro, non sono immediatamente esecutive tali da richiedere la disapplicazione delle norme nazionali nel caso specifico oggetto di ricorso, e devono attendere l'intervento della Corte Costituzionale nazionale sulle norme censurate dalla CEDU.
27 *Corte di Lussemburgo*, a Lussemburgo ha sede la Corte di Giustizia dell'Unione Europea (abbreviato CGUE) Infatti, la CGUE è un'istituzione effettiva dell'Unione europea, la cui competenza verte sull'applicazione del diritto comunitario nell'interpretazione e nell'applicazione dei trattati fondativi dell'Unione.
Tutti gli Stati che compongono l'UE sono anche membri del Consiglio d'Europa e hanno sottoscritto la Convenzione, ma la Corte di giustizia dell'Unione

rendendoli sempre più fluidi circa la sua interpretazione.

Spesso in maniera anche incerta e con forti contraddizioni, la Corte di Strasburgo ha ritenuto valide alternative al matrimonio e come tali legittime forme di *"vita famiglia"* a norma dell'art 8 CEDU, sia le unioni registrate sia le unioni di mero fatto sia etero sia omosessuali - richiamando diritti e obblighi spettanti alle coppie sposate, precisando di voler fare ricorso al concetto di paragonabilità o comparabilità in cui versano le unioni civili non coniugate per

europea (CGUE) è un organo distinto dalla Corte europea dei diritti dell'uomo, come prima accennato.
Il principio della preferenza comunitaria si applica solo alle sentenze della Corte di Giustizia, che rappresenta il diritto dell'Unione Europea, rispetto alle leggi degli Stati membri.
Per questo, le sentenze dei due organi (appunto la CEDU e CGUE) a priori potrebbero essere contraddittorie; per evitare ciò, spesso la Corte di giustizia fa riferimento alle sentenze della Corte dei diritti dell'uomo e tratta la Convenzione sui diritti dell'uomo come se fosse parte del sistema giuridico dell'UE.
La tutela giurisdizionale dell'Unione europea è affidata alla Corte, suddiviso in una pluralità di formazioni: la Corte di giustizia (creata nel 1952); il Tribunale (creato nel 1988); il Tribunale della funzione pubblica (creato nel 2004 e cessato dal 1° settembre 2016).

giustificarne l'estensione (a unione di fatto registrata tra persone dello stesso sesso).

Le pubblicazioni – in materia di matrimonio - invece, non sempre sono previste dagli ordinamento stranieri.
L'ordinamento giuridico italiano, in virtù del combinato disposto di cui agli articoli 115 e 116 cc e il Decreto del Presidente della Repubblica n. 396 del 2000, richiede che debbano essere osservate per quei cittadini che contraggano matrimoni all'estero o per cittadini stranieri, residenti o domiciliati in Italia che contraggano matrimonio nel territorio nazionale.
Ne consegue che, l'ordinamento giuridico italiano, faccia rientrare la fase precedente delle pubblicazioni e la sua disciplina tra le norme di applicazione necessaria.

Per la successiva fase della celebrazione del matrimonio, sono previste delle regole da osservare riguardo alla forma del matrimonio a partire dal principio base per cui *Il matrimonio e' valido, quanto alla forma, se e' considerato tale dalla legge del luogo di celebrazione o dalla legge nazionale di almeno uno dei coniugi al momento della celebrazione o dalla legge dello Stato di comune residenza in tale momento"*.

La forma del matrimonio diviene importante ai fini della conservazione del matrimonio in quanto atto – pertanto, in considerazione della partecipazione dell'autorità pubblica, delle formalità procedurali, della formazione di un atto pubblico.

Molti ordinamenti stranieri, tendono a considerare – quale norma di applicazione necessaria – le formalità riguardanti la celebrazione del matrimonio.

In tal senso, considerando l'ordinamento giuridico italiano, si può dire che l'art 116 cc che richiede la presenza dell'ufficiale dello stato civile quale autorità competente al rilascio dell'attestazione dell'autorità straniera competente (altro esempio di norma applicazione necessaria).

Ne consegue, l'applicabilità dell'articolo 28 richiamato per i cittadini italiani che vogliano contrarre matrimonio concordatario all'estero!

Ai fini della trascrizione del matrimonio estero, occorre leggere congiuntamente gli articoli 27 e 65 della legge numero 218 unitamente al Regolamento dello Stato civile (DPR 396 del 2000) secondo cui l'ufficiale civile deve procedere alla trascrizione nei registri dello stato civile del matrimonio celebrato all'estero tra cittadini italiani o tra cittadini stranieri con il limite dell'ordine pubblico di cui all'art 18.

Fino a poco tempo fa i matrimoni contratti all'estero tra soggetti dello stesso sesso non potevano essere trascritti[28] nei registri dell'ufficio dello stato civile italiano e allo stesso modo non sarebbe trascrivibile in Italia il secondo o successivo matrimonio contratto da un cittadino straniero secondo la cultura islamica (proprio in virtù del principio per cui non sono riconosciuti nell'ordinamento italiano i matrimoni poligamici).

I rapporti personali e patrimoniali derivanti dal matrimonio sono, invece, regolati dagli articoli 29 e 30 della legge che rispettivamente prevedono "I *rapporti personali tra coniugi sono regolati dalla legge nazionale comune*" e precisa che "I *rapporti personali tra coniugi aventi diverse cittadinanze o piu'*

---

28 Della trascrizione di provvedimenti stranieri se ne parlerà nelle parte terza di questo scritto.

cittadinanze comuni sono regolati dalla legge dello Stato nel quale la vita matrimoniale e' prevalentemente localizzata"[29].

E, rispetto ai rapporti patrimoniali tra coniugi *"sono regolati dalla legge applicabile ai loro rapporti personali"* - salvo accordo scritto tra i coniugi e purché il diritto applicabile sia ritenuto valido ai fini della legge italiana.

Caratteri della legge applicabile alle convenzioni dei rapporti patrimoniali tra i coniugi sono: a) la forma scritta; b) la validità ai fini della legge scelta o di quella del luogo in cui l'accordo coniugale patrimoniale è concluso.

La finalità è tutelare l'affidamento della buona fede dei terzi eppertanto i rapporti patrimoniali coniugali regolati da una legge straniera sono opponibili ai terzi solamente se questi ne hanno avuto conoscenza o ne hanno ignorato il contenuto per loro colpa.

---

29 Il principio del luogo dove la vita è prevalentemente localizzata, come regola ai fini dell'individuazione della legge dello Stato applicabile - è di recente introduzione – anche dovuto ai mutamenti sociali e agli spostamenti causati, molto spesso, da motivazioni lavorative.

Qualora le convenzioni patrimoniali dei coniugi riguardino beni immobili - sarà necessario richiamare la legge nazionale dello Stato in cui i medesimi beni si trovino ai fini della opponibilità ai terzi.

L'argomento famiglia è uno degli argomenti maggiormente affrontati da parte della legislazione a livello internazionale – non solo entro i confini europei, ma anche oltre.
Infatti, la predetta disciplina è composta, nel suo complesso dal Regolamento (UE) n. 1259/2010 del Consiglio del 20 dicembre 2010 relativo all'attuazione di una cooperazione rafforzata nel settore della legge applicabile al divorzio e alla separazione personale (Roma III), dal Regolamento (CE) n. 2201/2003 del Consiglio, del 27 novembre 2003, relativo alla competenza, al riconoscimento e all'esecuzione delle decisioni in materia matrimoniale e in materia di responsabilità genitoriale, che ha abrogato il regolamento (CE) n. 1347/2000 ("Bruxelles II bis"), dal Regolamento (CE) n. 4/2009 del Consiglio del 18 dicembre 2008 relativo alla competenza, alla legge applicabile, al riconoscimento e all'esecuzione delle decisioni e alla

competenza in materia di obbligazioni alimentari nonchè dal Protocollo dell'Aia del 2007 sulla legge applicabile alle obbligazioni alimentari[30].

Inoltre, altresì importanti, sono stati anche i regolamenti emessi nell'ambito di cooperazione rafforzata da parte della maggior parte degli Stati membri al fine di regolamentare i rapporti patrimoniali ossia i Regolamenti UE 1103 e 1104 del 2016.

Un complesso di normative, ognuna parte integrante dell'altra – ai fini della disciplina più completa della materia su ogni fronte si riferisca.

Nei riguardi delle regole con le quali il regolamento (CE) n. 1259/2010, disciplina le modalità di scelta della legge applicabile al divorzio ed alla separazione personale, l'articolo 5 del regolamento dispone che i coniugi possono designare di comune accordo la legge applicabile al divorzio e alla separazione personale purché si tratti di una delle seguenti leggi:

---

30 Citate le normative che verranno affrontate nel corso del presente scritto.

a) la legge dello Stato della residenza abituale dei coniugi al momento della conclusione dell'accordo; o

b) la legge dello Stato dell'ultima residenza abituale dei coniugi se uno di essi vi risiede ancora al momento della conclusione dell'accordo; o

c) la legge dello Stato di cui uno dei coniugi ha la cittadinanza al momento della conclusione dell'accordo; o
d) la legge del foro.

3. Sulle obbligazioni alimentari

Pure integrata con discipline inerenti il diritto internazionale privato, con normative comunitarie e internazionali, è altresì la disciplina inerente le obbligazioni alimentari di cui all'articolo 45 della legge 218 che espone: *"Le obbligazioni alimentari nella famiglia sono regolate dalla legge designata dal regolamento 2009/4/CE del Consiglio del 18 dicembre 2008 relativo alla competenza, alla legge applicabile, al riconoscimento e all'esecuzione delle decisioni e alla cooperazione in materia di obbligazioni alimentari, e successive modificazioni"*.

Quella delle obbligazioni alimentari nell'ambito famigliare è inerente soprattutto l'aspetto dell'applicazione dei provvedimenti e atti giudiziari nonché la conseguente esecuzione dei medesimi[31].

Il richiamo della legge italiana sul diritto internazionalprivatistico è, dunque, al Regolamento (CE) n. 4/2009 che stabilisce regole comuni in tutta l'Unione Europea per garantire il recupero dei crediti alimentari quando il debitore o il creditore si trovi all'estero.

Detto regolamento istituisce una serie di misure volte ad agevolare il pagamento dei crediti alimentari alimentari in situazioni transfrontaliere e si applica alle obbligazioni alimentari derivanti da rapporti di: famiglia; parentela; matrimonio o affinità.

I crediti derivanti da obbligazioni alimentare incontrano la loro *ratio* nell"obbligo di aiutare i membri della propria famiglia (possono ad esempio assumere la forma di un assegno

---

31 Argomento oggetto di trattazione nel corso della terza parte del presente scritto.

alimentare versato al bambino o a un ex coniuge in seguito a un divorzio).

Inoltre, il Regolamento CE suddetto, contiene a sua volta (oltre, all'art. 4, concernente la scelta del foro) anche delle disposizioni sulla legge applicabile, prevedendo, all'art. 15, che la legge applicabile alle obbligazioni alimentari è determinata secondo il protocollo dell'Aia del 23 novembre 2007 (relativo alla legge applicabile alle obbligazioni alimentari ("protocollo dell'Aia del 2007") negli Stati membri vincolati da tale strumento.

4. Sulla disciplina delle patologie del matrimonio: separazione e divorzio nonché lo scioglimento delle unioni civili

Partendo dal presupposto che la separazione tra i coniugi non provoca lo scioglimento degli effetti civili del matrimonio, ma delle importanti conseguenze sia sul piano dei rapporti patrimoniali sia personali[32] - la legge n. 218 individua i criteri ai fini della legge

---

32 All'uopo, cfr la mia *Piccola guida al diritto di famiglia*" ebook pubblicato *on line*.

applicabile per la disciplina di questi momenti di crisi famigliare.

In particolare, è l'articolo 31 che se ne occupa richiamando i contenuti e criteri di collegamento di cui all'art 29 della stessa legge - quindi i medesimi principi e contenuti della separazione personale - nonché quanto previsto dall'art 12 riguardo ai mezzi e alle forme da osservare.

Da un punto di vista generale, per gli argomenti di cui innanzi, si afferma la legge dello Stato in cui la domanda viene promossa.

Sulla separazione personale dei coniugi, si è altresì pronunciata la Convenzione dell'Aja[33] del 1902 (cui l'Italia ha aderito sin dal 1905).

---

33 *Convenzione dell'Aja*, il nostro Paese è parte delle Convenzioni dell'Aja, delle quattro Convenzioni di Ginevra del 1949 e dei tre Protocolli aggiuntivi che costituiscono gli atti giuridici di principale riferimento in materia.
Le Convenzioni adottate all'Aja, in occasione delle Conferenze diplomatiche del 1899 e del 1907 sono state i primi strumenti giuridici internazionali a codificare le norme che i belligeranti devono osservare durante le ostilità.
Nel 1977, le Convenzioni del 1949 sono state integrate da due Protocolli aggiuntivi in materia di condotte in guerra e di protezione delle vittime di conflitti armati.

Inoltre, qualora la legge di uno Stato estero non prevedesse il divorzio quale istituto, sarà applicabile la legge italiana (confrontare articolo 12 *quinquies* di cui alla legge n. 74 del 1987[34]).

Ai fini del riconoscimento e trascrizione delle sentenze di separazione e divorzio straniere, occorrerà un preventivo accertamento che la stessa contenga provvedimenti sui figli minori nati dal matrimonio.

Occorre anche precisare che si ritengono non applicabili motivi di divorzio diversi da quelli previsti dalla legislazione italiana – come anche disposto dalla Convenzione dell'Aja – che tra i suoi principi statuisce la sola osservanza della legge nazionale, se ciò previsto dalle norme del diritto internazionazionalprivatistico, dello stato in cui si chiede la pronuncia, sempre fermo restando il limite dell'ordine pubblico.

---

34 *L. 74 del 1987, legge sulle* "Nuove norme sulla disciplina dei casi di scioglimento di matrimonio".

In materia di scioglimento dell'unione civile la giurisdizione italiana sussiste, oltre che nei casi previsti dagli articoli 3 e 9[35], anche quando una delle parti è cittadina italiana o l'unione è stata costituita in Italia.

I medesimi titoli di giurisdizione si applicano anche in materia di nullità o di annullamento dell'unione civile. *"Lo scioglimento dell'unione civile è regolato dalla legge applicabile al divorzio in conformità al regolamento (UE) n. 1259/2010 del Consiglio, del 20 dicembre 2010, relativo ad una cooperazione rafforzata nel settore della legge applicabile al divorzio e alla separazione personale"*.

Ai fini della individuazione della legge applicabile, l'esempio di due coniugi, di nazionalità indiana e di religione induista, residenti in Italia, propongono domanda di divorzio davanti al giudice italiano.

La norma di conflitto dell'art. 31 l. 218/1995 sottopone il divorzio alla legge della nazionalità comune dei coniugi (altrimenti, *in mancanza, si applica la legge dello Stato nel quale la vita*

---

35 Inerenti la sussistenza della giurisdizione italiana e la giurisdizione volontaria – argomenti che verranno affrontati nella parte terza del presente scritto.

matrimoniale risulta prevalentemente localizzata).

L'ordinamento indiano prevede una disciplina dei rapporti tra coniugi (compreso il divorzio) differenziata in funzione della loro appartenenza ad una determinata confessione religiosa.

Appare chiaro che molto importante è prendere in considerazione i diversi strumenti che la disciplina del sistema di diritto internazionale ci mette a disposizione per individuare la disciplina applicabile alla singola casistica e ciò per ogni materia e momento della vita delle persone.

Infatti, proprio in virtù delle differenti modalità di affrontare le discipline e casistiche spesso presenti nel territorio europeo e nei Paesi dell'Unione Europea, determinanti sono state altresì delle forme di maggiore impulso.

In particolare, la decisione dell'UE 2016/954 del 9 giugno che autorizza una cooperazione rafforzata nel settore della competenza, della legge applicabile, del riconoscimento e dell'esecuzione delle decisioni in materia di regimi patrimoniali delle coppie internazionali, con riferimento ai regimi patrimoniali tra coniugi e agli effetti patrimoniali delle unioni registrate.

5. Sulla filiazione e sull' adozione

Superati gli aspetti dichiarati incostituzionali che hanno portato per diverso tempo ad individuare nella legge nazionale del padre quella applicabile ai fini dei rapporti tra genitori e figli, la legge 218 ha individuato, invece, con gli artt 33 -36, la legge nazionale del figlio come normativa prevalente.
Per poi la giurisprudenza italiana integrare anche i requisiti da individuare per l'ammissibilità dell'azione giudiziaria di riconoscimento, disconoscimento.
Inoltre, la disciplina dispone eventuali modifiche del principio generale della legge nazionale del figlio, qualora vi siano delle normative che rappresentino delle tutele più favorevoli nei confronti del figlio (ad es l'applicazione della legge dello stato del padre, nel caso in cui sia più vantaggiosa ai fini del riconoscimento).
Ai sensi dell'art 42 della legge qui in esame, si applicherà il contenuto della Convenzione

dell'Aja del 1961 resa esecutiva in Italia con la legge n. 742 del 1980 in materia di protezione dei minori con estensione alla protezione degli incapaci.

Rispetto all'adozione, la normativa italiana è regolata dalla legge n. 184 del 1983 la quale contiene altresì principi e regole da seguire rispetto ai casi di adozione internazionale.
Tale normativa è stata riconosciuta di applicazione necessaria dalla massima giurisprudenza italiana (nello specifico, Corte di Cassazione a Sezioni Unite nonché dalla Corte Costituzionale).
In ogni caso, il minore straniero adottato da cittadino italiano acquista la cittadinanza – in virtù della già richiamata legge 91/1992[36].
Ad integrare quanto innanzi esposto, interviene la legge 218 che all'art 38 prevede espressamente che l'adozione con tutto il suo percorso dai presupposti, alla costituzione, alla eventuale revoca, sarà disciplinata dalla legge nazionale dell'adottante o degli adottanti altrimenti si farà riferimento alla legge dello

---

36 Cfr. all'uopo il paragrafo nella parte prima di questo scritto.

stato in cui gli adottanti risiedono entrambi o alla legge dello stato in cui si localizza prevalentemente la vita famigliare degli adottanti (caso di criteri alternativi, sempre al fine di favorire la il rapporto di filiazione).

Si applicherà la legge nazionale dell'adottando maggiorenne per i consensi di cui occorra eventualmente nonché per regolamentare i rapporti personali e patrimoniali tra adottante e adottato.

Il tutto, tenendo in considerazione e rispettando quanto previsto dagli artt 45 e 46 della legge in materia di obblighi alimentari e successori.

In questo contesto, la legge n. 218 del 31 maggio 1995 nella sua formulazione originaria, pur portatrice, come vedremo, di soluzioni avanguardistiche, concepiva comunque il rapporto di filiazione, sotto il profilo internazionalprivatistico - come condizionato dai rapporti esistenti tra i genitori e quindi, seppur utilizzando in linea di principio il criterio di collegamento della cittadinanza, lo agganciava a momenti (e soggetti) diversi a seconda del tipo di filiazione da regolare (naturale, legittimata, legittima)[37].

____

37 Ormai per la legislazione italiana, esiste solamente lo *status* di figlio, senza distinzioni.

La disciplina italiana di conflitto della filiazione è data da un complesso di normative – la quale va coordinata con le pertinenti norme convenzionali e di diritto dell'Unione Europea e, principalmente, con la Convenzione dell'Aja del 1996 sulla competenza, la legge applicabile, il riconoscimento, l'esecuzione e la cooperazione in materia di responsabilità genitoriale e di misure di protezione dei minori mentre per i profili di diritto processuale civile internazionale con il regolamento "Bruxelles II *bis*"– oggi contenuta negli articoli da 33 a 36-*bis* della legge n. 218/1995, come modificati dal d. lgs n. 154 del 2013[38].

Le modifiche così apportate hanno eliminato dalla disciplina di conflitto italiana tutte le norme che discriminavano tra i figli "legittimi" e "naturali", in base al principio, oggi contenuto nell'art. 315 cc, secondo il quale *"tutti i figli hanno lo stesso stato giuridico"*- sancendo l'unificazione dello stato di figlio da intendersi come norma di applicazione necessaria.

Al fine di eliminare in radice ogni dubbio che sarebbe potuto insorgere in ordine alla natura

---

38 *Decreto Legislativo n. 154 del 2013* sulla "Revisione delle disposizioni vigenti in materia di filiazione, a norma dell'articolo 2 della legge 10 dicembre 2012, n. 219"

di ordine pubblico dell'unicità dello *status* di figlio, vi è stata l'abrogazione dell'art. 34 che disciplinava gli aspetti internazionalprivatistici della legittimazione, si è proceduto alla nuova formulazione dell'art. 36 intitolato alla "responsabilità genitoriale" in luogo della "potestà dei genitori" e inserito, infine, un nuovo articolo 36*bis* che qualifica nuovamente come norme di applicazione necessaria tutte quelle che attribuiscono ad entrambi i genitori la responsabilità genitoriale e il dovere di provvedere al mantenimento del figlio

Rispetto all'ammissibilità dell'adozione da parte del single con pronuncia della Corte Europea dei Diritti dell'Uomo con sentenza del giugno 2007, persiste invece nel nostro ordinamento l'atteggiamento di chiusura in ordine all'adozione legittimante di minore da parte di persona singola, siccome anche ribadito da Cass. 14 febbraio 2011, n. 3572. Tuttavia, una recente pronuncia – stabilita con ordinanza n. 17100 pubblicata il 26 giugno 2019, della prima sezione della Corte di Cassazione - ha rivoluzionato la materia in Italia.

Infatti, la suddetta Corte di Cassazione, ha ammesso l'adozione di un minore da parte di una signora single ed ultrasessantenne con cui nella fase precedente dell'affidamento aveva già instaurato un rapporto.

Il predetto rapporto di precedente affidamento tra la signora ultrasessantenne e il minore è stato poi "confermato ed evoluto" in quanto la Corte ha ritenuto di perseguire, con l'adozione, il preminente interesse del minore nel rapporto costruito con la medesima signora single nonché ulteriormente ritenendo di salvaguardare la continuità affettiva ed educativa della relazione tra il minore e l'adottante.

Precisa, infatti, la Corte che vi è un interesse legittimo del bambino a vedere riconosciuti i propri legami sviluppatisi con altri soggetti che se ne prendono cura.

L'adozione, come in questo caso, non presuppone necessariamente una situazione di abbandono di colui che può essere adottato, quando si accerta che vi sia una relazione affettiva consolidata tra i soggetti.

In alcuni Paesi tra cui l'Italia, non è consentita l'inseminazione artificiale con donatore anonimo di donna omosessuale[39] non coniugata, dalla pronuncia della CEDU, in Grande camera del 3 novembre 2011, che ha giudicato non in contrasto con gli artt. 8 e 14 della CEDU il divieto di fecondazione eterologa[40].

A tale riguardo, ricordiamo solo come la Conferenza di diritto internazionale privato dell'Aja[41] abbia, qualche anno addietro, istituito

---

39 Per approfondire dal punto di vista della legge italiana l'argomento delle adozioni da parte di coppie same sex, cfr anche la mia "Piccola al diritto di famiglia".

40 La *fecondazione eterologa* è una tecnica di fecondazione medicalmente assistita.

41 La *Conferenza internazionale di diritto privato dell'Aja* è un'organizzazione intergovernativa nel settore del diritto internazionale privato, che gestisce numerose convenzioni internazionali, protocolli e strumenti di sof*t law**.

Si compone di una serie di disposizioni di diritto processuale che determina quale ordinamento giuridico prevalga e quale legge di quale Stato si applichi in una particolare controversia.

Tali disposizioni si applicano quando una controversia legale contiene un elemento internazionale, ad esempio un contratto stipulato tra parti aventi sede in diversi Stati. La Conferenza dell'Aia fu convocata per la prima volta da Tobias Asser sin dal 1893 a L'Aia.

**Per soft law* si intendono gli accordi che non creano obblighi giuridici tra le parti contraenti (secondo il principio *"pacta sunt servanda"*), ma solo impegni

un gruppo di esperti il quale, da ultimo, in un *report* del marzo 2019, pur riconoscendo l'opportunità e l'importanza di garantire prevedibilità, certezza e continuità alla genitorialità (in particolare, quella derivante da maternità surrogata nelle situazioni internazionali), e auspicando lo sviluppo di uno strumento multilaterale vincolante che contempli sia norme materiali uniformi sia regole processuali per il riconoscimento transfrontaliero delle relative decisioni giudiziarie, ammette di non essere ancora riuscito a giungere ad un testo condiviso da offrire agli Stati per la firma.

Poiché la filiazione è un insieme di molteplici e differenti aspetti sotto il profilo internazionalprivatistico e, in particolare, per quanto concerne l'individuazione del diritto applicabile da autonome norme di conflitto, lo scopo di base è il raggiungimento e il rispetto del *favor filiationis.*

____

politici il cui rispetto è rimesso alla volontà delle parti. Quindi, si contrappone, ai tradizionali strumenti di normazione (leggi, regolamenti ecc. la cosiddetta *hard law*), emanati secondo determinate procedure da soggetti che ne hanno l'autorità (parlamenti, governi ecc.), i quali producono norme dotate di efficacia vincolante nei confronti dei destinatari.

Si tratta di un elemento che è ancora presente nella formulazione attuale dell'art. 33 (dip) che, ricorrendo ancora al concorso alternativo tra criteri di collegamento, prevede che lo *status* (ormai unico) di figlio sia determinato dalla legge nazionale del figlio o, se più favorevole, dalla legge nazionale di uno dei genitori.

In molti ordinamenti, come quelli che utilizzano il principio dello *jus sanguinis*, la nazionalità del figlio dipende proprio dal rapporto di filiazione che si intende accertare, nel senso che la cittadinanza del figlio viene individuata in base a quella dei genitori (o di uno di essi).
La situazione appena descritta, sembra comportare il rischio di reciproca preliminarietà di cittadinanza e filiazione, con la creazione di un circolo vizioso.

6. Sulle successioni ereditarie e sulle donazioni

In materia successoria, la legge sul diritto privato internazionale prevede l'applicazione di un principio unitario secondo cui la normativa applicabile ai fini delle questioni concernenti l'apertura della successione, la capacità a succedere, la designazione dei successibili, i criteri di ripartizione dell'asse ereditario ... debbano essere disciplinati dalla legge nazionale del *de cuius*[42] al tempo della morte – salvo che quest'ultimo non abbia disposto per iscritto l'applicazione della legge dello stato in cui risiede.

Quest'ultimo caso, però, non sarà comunque applicabile nel caso in cui sia differente il paese di residenza al momento del decesso.

Come anche non saranno valide le clausole o le leggi dello stato che prevedessero la diseredazione nei confronti di eredi legittimari in Italia – da intendersi come un ulteriore norma di applicazione necessaria nonché di ordine pubblico internazionale di tutela degli eredi necessari.

Qualora non vi fossero chiamati all'eredità, lo Stato italiano acquista i beni del *de cuius* che si trovassero sul territorio italiano –

---

42 *De cuius,* espressione per riferirsi al soggetto deceduto. Cfr all'uopo, anche la mia "Piccola guida al diritto sulle successioni ereditarie" ebook pubblicato *on line*, dove affrontato il diritto delle successioni ereditarie nell'ordinamento italiano.

indipendentemente dalla legge applicabile alla successione e in virtù dell'art 49.

Il testatore, ai fini della redazione del suo testamento seguirà le forme della legge dello stato in cui era cittadino, residente o domiciliato al momento della morte.

Un cenno merita la Convenzione di Washington sul testamento internazionale[43], cui l'Italia ha aderito con legge del 1990 n. 387, la quale si preoccupa di tracciare dei criteri di forma unitari del testamento – indipendentemente dalla situazione dei beni, dalla nazionalità, dalla residenza o dal domicilio del testatore.

Requisiti di un testamento internazionale, secondo la normativa appena esposta, sono: a) la forma scritta; b) la dichiarazione del testatore alla presenza di due testimoni che l'atto in questione contiene le sue ultime volontà; c) sottoscrizione dell'atto da parte del testatore; d) ricezione di detta dichiarazione del testatore con la sua sottoscrizione nonché dei testimoni da parte di un soggetto abilitato, come previsto dalla legge dello Stato sia del

---

43 *Testamento internazionale*, argomento affrontato nel mio ebook "Piccola guida al diritto delle successioni ereditarie" in vendita on line.

testatore sia dei testimoni se di nazionalità diversa.

I patti successori ossia quegli atti con cui un soggetto si impegna a disporre della propria successione o dei diritti su una successione non ancora aperta o rinuncia a diritti che gli potrebbero spettare inerenti una successione non ancora aperta – non sono neanche previsti dalla legge sul diritto internazionale privato poiché è la stessa legge italiana che li esclude e li ritiene nulli[44].

In ogni caso, è riconosciuto ed ammesso che il giudice italiano possa essere chiamato a cercare la normativa da applicare a patti successori ritenuti validi in altri ordinamenti stranieri (è il caso della Germania, del Regno Unito, della Svizzera …) nonché altresì chiamato chiamato a pronunciarsi su questioni riguardanti i patti successori ritenuti validi da ordinamenti stranieri.

Rimane, in ogni caso ferma, per l'ordinamento giuridico italiano ai sensi dell'art 458 codice

____

44 Cfr art. 458 cc intitolato *"Divieto di patti successori"* nonché ebook della sottoscritta "Piccola guida al diritto delle successioni ereditarie" per un approfondimento della disciplina.

civile, l'esclusione dell'istituto dei patti successori.

All'uopo si evince che la disciplina sul divieto dei patti successori possa inquadrarsi come nel rispetto dell'ordine pubblico secondo i principi dell'ordinamento giuridico italiano.

L'art 56 della legge sarà, invece, applicabile per quanto riguarda le donazioni e per tutti quei casi in cui sia previsto con *animus donandi* un arricchimento di un soggetto con corrispondente impoverimento dell'altro soggetto.

Sarà pertanto seguita la legge nazionale del donante, sebbene il donante può con atto scritto sottoporre la disciplina alla legge dello Stato in cui risiede.

Individuata la legge applicabile nazionale del donante o del luogo in cui l'atto è compiuto – ai sensi dell'art 23 – verrà pertanto disciplinata la forma e la capacità della donazione.

7. Sui diritti reali

Innanzitutto con riferimento ai beni immobili, la legge 218 dip ritiene applicabile – anche ai fini di una maggiore certezza della disciplina, della individuazione dei beni immobili stessi nonché di tutela dei diritti dei terzi – la legge dello Stato dove si trovano i beni medesimi.

Sarà in ogni caso la legge dove tali beni si trovano a qualificarli come diritti reali.

Infatti, nel caso in cui si abbia ad oggetto un bene mobile non è escluso che possa cambiare la legge dello stato applicabile in virtù dello spostamento del medesimo bene.

Ad esempio, ai fini della disciplina dell'usucapione, l'articolo 53 stabilisce *"L'usucapione di beni mobili e' regolata dalla legge dello Stato in cui il bene si trova al compimento del termine prescritto"*.

Ai fini delle azioni da esercitare per la tutela dei medesimi beni (ad esempio azione possessoria[45], di rivendicazione)[46] nonché della

---

45 *Azione possessoria,* azione giudiziale a tutela del possesso di un bene da parte di un soggetto di cui sia stato, ad esempio, spogliato (cfr. art 1168 codice civile).

46 *Azione di rivendicazione,* strumento di tutela messo a disposizione dall'ordinamento giuridico italiano affinché il proprietario possa far valere il suo diritto di proprietà per recuperare la cosa da altri illegittimamente posseduta o detenuta (cfr. art 948 cod. civ.)

disciplina inerente requisiti e limitazioni, sarà applicabile la legge dello Stato in cui detti beni si trovano – in virtù dell'art 12 secondo cui " *Il processo civile che si svolge in Italia e' regolato dalla legge italiana*".

La legge dello stato in cui si trova il bene sarà anche quella che troverà applicazione con riferimento ai modi di acquisto del bene medesimo (ciò, pertanto, in relazione agli istituti dell'accessione, dell'usucapione, dell'invenzione …)[47] come anche per i diritti reali di garanzia, pegno[48] ed ipoteca[49].

Premesso quanto innanzi e salvo il caso in cui, data la presenza di altri istituti giuridici, prevalga la legge regolatrice dei rapporti genitori – figli ad esempio.

La legge di diritto internazionale privato si è altresì preoccupata di chiarire "*I diritti reali su*

---

47 *Accessione, usucapione, invenzione*, sono tutti modi di acquisto di un bene – secondo l'ordinamento giuridico italiano.

48 *Pegno e ipoteca,* sono forme di garanzie reali per il creditore che, in caso di mancato pagamento della somma che gli è dovuta, può rifarsi sui beni del debitore (nel caso del pegno la garanzia è data dai beni mobili, per l'ipoteca oggetto di garanzia sono i beni immobili.).

49 Anche chiamata *lex rei sitae.*

beni in transito sono regolati dalla legge del luogo di destinazione" (art 52) – in quanto ritenuta più in linea e rispettosa della volontà delle parti che hanno spedito quei beni in determinato luogo.

8. Sui diritti immateriali

La legge sul diritto d'autore italiana n. 633 del 1942, dove prevale il principio di territorialità, è anche ritenuta quale norma di applicazione necessaria in virtù del criterio per cui "*I diritti su beni immateriali sono regolati dalla legge dello Stato di utilizzazione*" (art 54L. dip): pertanto si applicherà il diritto dello stato dove la proprietà intellettuale verrà rivendicata.

TERZA PARTE

Sul diritto processuale civile internazionale

1. Sui principi generali del diritto processuale internazionalprivatistico

Innanzitutto, per diritto processuale civile internazionale si intende quel complesso di norme che regolano il processo civile quando il medesimo coinvolga persone, fatti, avvenimenti che presentino elementi di estraneità.

In particolare, il diritto processuale civile internazionale riguarda:

a) l'individuazione di casi in cui – data la presenza di elementi di estraneità – sussista la giurisdizione del giudice italiano e, il caso, anche di collegamenti con altri sistemi giuridici stranieri tanto da escludere l'attivazione della giurisdizione italiana;

b) procedure e requisiti di riconoscimento di efficacia di sentenze e provvedimenti giurisdizionali pronunciati all'estero;

c) la condizione processuale dello straniero e il trattamento del diritto straniero – qualora il giudice debba applicarlo alle vicende sottoposte alla propria attenzione.

Ne consegue un chiaro legame tra il diritto processuale civile internazionale e il diritto internazionale privato in quanto il giudice prima dovrà accertare se sussista la propria giurisdizione e le forme procedurali da osservare per dare attuazione alla norma straniera e poi, con l'ausilio delle regole di conflitto, individuare la legge applicabile alla fattispecie concreta sottopostagli all'attenzione.

Pertanto, il diritto internazionale processuale civile regola essa stessa i modi e le forme con cui dare rilevanza giuridica agli elementi di internazionalità a differenza del diritto internazionale privato che risolve il problema, con la tecnica del richiamo, ad un ordinamento esterno o nazionale.

Quanto innanzi rappresenta un quadro introduttivo della disciplina italiana di diritto internazionale processuale civile, mentre occorre espandere anche al punto di vista della normativa comunitaria dove assume rilievo la

Convenzione di Bruxelles[50] del 1968 in ambito di sistema uniforme di diritto processuale internazionale limitatamente ai paesi CEE – che ha posto le basi della legge 218 per poi successivamente intervenire il Regolamento CE 44/2001 il quale stabilisce la competenza

50 La Convenzione di Bruxelles del 1968 sulla competenza giurisdizionale, il riconoscimento e l'esecuzione delle decisioni in materia civile e commerciale entrò in vigore l'1 febbraio 1973 fra i sei Stati fondatori della Comunità Economica Europea (Italia, Francia, Germania, Belgio, Olanda e Lussemburgo).
Essa individuava i criteri per la determinazione del giudice competente per controversie nelle materie di cui sopra insorte nel territorio dei Paesi aderenti.
Varie modifiche nel corso degli anni portarono all'adesione di tutti gli Stati membri dell'Unione Europea.
L'adozione del Regolamento (CE) n. 44/2001 (Regolamento) ha reso necessario stipulare una nuova Convenzione di Lugano, sottoscritta il 30 ottobre 2007 dalla Comunità europea e da Islanda, Norvegia e Svizzera e decorrente dal maggio 2011, per riallineare le disposizioni in vigore all'interno dell'Unione Europea e quelle relative ai rapporti con i rimanenti Stati EFTA.
L'Associazione europea di libero scambio (in italiano AELS; in inglese: EFTA, European Free Trade Association; in francese: AELE, Association européenne de libre-échange) è un'organizzazione interstatale che promuove il libero scambio e l'integrazione economica tra gli stati membri.
L'accordo per la sua istituzione è stato stipulato il 3 maggio 1960, comprendendo vari di quegli stati

giurisdizionale internazionale e il riconoscimento delle decisioni in materia civile e commerciale.

Altre importanti normative a livello comunitario quali il Regolamento CE 1346/2000 in materia di procedure di insolvenza e Regolamento CE 2201/2003 (già Regolamento CE 1347 del 2000) sulle decisioni in materia matrimoniale e potestà genitoriale nonché la Convenzione dell'Aja in materia di protezione di minori – andando oltre i confini dell'UE.

Da un punto di vista degli organi giurisprudenziali, la Corte di Giustizia Europea, la Corte dei Diritti dell'Uomo e la Corte Costituzionale dello Stato membro devono essere considerati gli organi giurisdizionali di vertice di tre sistemi giuridici indipendenti nello specifico e rispettivamente il sistema UE, il sistema CEDU, il sistema costituzionale nazionale.

---

europei che non desideravano o non potevano ancora entrare nella Comunità Economica Europea (poi divenuta Unione europea).
Lo scopo dell'associazione è la soppressione delle imposte doganali sull'import-export e la promozione degli scambi commerciali fra gli stati membri. La sede dell'AELS è a Ginevra, ma l'associazione ha uffici a Bruxelles e nel Lussemburgo.

2. Sulla giurisdizionale internazionale del giudice italiano: criteri su come individuarla

I criteri attraverso i quali viene individuata la giurisdizione internazionale del giudice italiano, sono contenuti nell'art 3 della legge 218 – indipendentemente dalla cittadinanza italiana o straniera del convenuto – e sono: il domicilio in Italia del convenuto; la residenza in Italia del convenuto; la presenza in Italia di un soggetto che possa rappresentare il convenuto autorizzato a stare in giudizio ex art 77 codice procedura civile.

Pertanto il giudice italiano avrà giurisdizione internazionale su tutte quelle materie di cui al Regolamento CE 44/2001[51].

E' bene ricordare i seguenti aspetti di base:

---

51 Regolamento CE 44/2001, anche chiamato Bruxelles bis, Bruxelles II è il Regolamento (CE) n. 2201/2003 (già Convenzione di Bruxelles del 1968) in materia di competenza, riconoscimento ed esecuzione delle decisioni in materia matrimoniale e genitoriale.
Da intendersi come un unico strumento giuridico pensato per aiutare le coppie internazionali a risolvere le controversie relative a divorzio e affidamento dei minori che interessano più paesi

a) le materie rientranti nel Regolamento citato sono sempre la materia civile e commerciale quindi contratti, obbligazioni, diritto del consumo, viaggi organizzati con esclusione di tutto quanto attinente ai rapporti famigliari, alle questioni di stato e capacità delle persone, alle successioni, alle procedure fallimentari ed arbitrali.

b) in ogni caso, il Regolamento pone sempre come criterio generale che il convenuto sia domiciliato in uno degli Stati Membri.

Nell'ambito dei Paesi dell'UE il Regolamento CE - nelle <u>materie del matrimonio e potestà genitoriale</u> - prevede l'applicabilità della giurisdizione dei giudici dello Stato membro di cui i coniugi siano entrambi cittadini o nel cui territorio si trovi la residenza abituale dei coniugi, del convenuto, di uno dei coniugi (in caso di domanda congiunta) o dello stesso attore e ciò in materia di questioni riguardanti il divorzio, la separazione personale dei coniugi e l'annullamento del matrimonio.
Invece, per i casi al di fuori degli Stati membri dell'UE si applicherà quanto previsto dal combinato di cui agli artt. 3 e 32 legge 218 –

innanzi citati - nonché gli obblighi di mantenimento nei confronti dei figli.

Ai sensi dell'articolo 50 della legge DIP, le controversie in <u>materia successoria</u> rimangono al giudice italiano qualora: il *de cuius* era cittadino italiano, la successione si sia aperta in Italia, la maggior parte dell'asse ereditario si trovi in Italia, il convenuto è domiciliato o residente in Italia o abbia accettato la giurisdizione italiana, la domanda concerne beni situati in Italia.

Rispetto, invece, al <u>tema dell'adozione</u> vi è l'art 40 della legge 218 che — avendo acquisito del tutto il contenuto della Convenzione dell'Aja del 1961 sulla protezione dei minori — interviene ritenendo applicabile la sussistenza della giurisdizione italiana qualora l'adottante-i o adottando siano cittadini italiani o residenti in Italia o quando l'adottando, a prescindere dalla nazionalità o residenza abituale sia comunque un minore che versi in stato di abbandono in Italia.

La legge 218 ha inteso disciplinare anche la casistica non contenziosa della <u>volontaria</u>

<u>giurisdizione</u>[52] ossia dove non vi siano contrapposte due o più parti, come di seguito *"In materia di giurisdizione volontaria, la giurisdizione sussiste, oltre che nei casi specificamente contemplati dalla presente legge e in quelli in cui e' prevista la*

___

52 I provvedimenti di volontaria giurisdizione, emessi dall'organo giudiziario, vengono richiesti con una domanda, più propriamente con un "ricorso" o "istanza, che può essere lecitamente presentata dalla parte in proprio.

Nel dettaglio, l'atto introduttivo viene dedotto nel processo con l'emanazione del provvedimento giudiziale che mira alla soddisfazione di un interesse, senza il quale non si avrebbe la sua realizzazione.

Sulla relativa richiesta il giudice ha l'obbligo di provvedere, non già emettendo il provvedimento che necessariamente sia stato specificamente richiesto, bensì quello che egli reputa più conveniente ai fini della tutela dell'interesse prospettato.

A questa prima fase, segue poi l'istruttoria, in cui viene verificata la situazione di fatto, premessa della domanda, su cui si procede con decreto motivato, idoneo a procurare eventualmente la soddisfazione dell'interesse.

Il giudice, intervenendo, esercita un controllo repressivo ed ispettivo, nei casi in cui non vengano osservati i doveri o non sia compiuta l'attività inerente all'esercizio della funzione agli scopi che il soggetto deve perseguire. In particolare, quanto alle persone giuridiche.

Da un punto di vista procedurale con richiamo alla disciplina inerente, l'art. 801 codice procedura civile regola gli *"atti di giudici stranieri in materia di competenza per territorio di un giudice italiano, quando il provvedimento richiesto concerne un cittadino italiano o una persona residente in Italia o quando esso riguarda situazioni o rapporti ai quali e' applicabile la legge italiana"* (art 9).

Tra gli atti inerenti la volontaria giurisdizione ci possono essere ad esempio: la nomina e revoca di tutori o curatori di inabilitati o incapaci, nomina o revoca di amministratore di sostegno[53].

3. Sulla deroga alla giurisdizione italiana

---

volontaria giurisdizione", stabilendo che *"quando si vuole far valere in Italia"* tali atti, si deve ricorrere alla disciplina degli artt. 796 e 737 c.p.c. *"in quanto applicabili"*.

Il richiamo all'art. 796 comporta che l'atto di volontaria giurisdizione deve essere delibato dalla Corte d'Appello del luogo in cui deve ricevere attuazione e la procedura deve essere iniziata con ricorso e non con citazione, non essendovi controparti.

53 Argomenti approfonditi, secondo la normativa italiana nei miei ebooks *"Piccola guida al diritto di famiglia"* e *"Piccola guida al diritto delle successioni ereditarie"*.

La giurisdizione italiana potrà essere derogata – spiega la legge - purché siano rispettati i requisiti previsti dall'art 3 ossia "*se le parti l'abbiano convenzionalmente accettata e tale accettazione sia provata per iscritto, ovvero il convenuto compaia nel processo senza eccepire il difetto di giurisdizione nel primo atto difensivo*" e inoltre "*la giurisdizione italiana può' essere convenzionalmente derogata a favore di un giudice straniero o di un arbitrato estero se la deroga e' provata per iscritto*" e purchè verta su diritti disponibili[54].

Ne consegue che occorrerà un accordo tra le Parti affinché sia possibile la deroga della giurisdizione italiana, nei casi previsti e richiamati.

La deroga convenzionale alla giurisdizione, trova anche una tutela nella precisazione – da parte dell'art 4 della legge – secondo cui "*la deroga e' inefficace se il giudice o gli arbitri incaricati declinano la giurisdizione o comunque non possono conoscere della causa*"[55].

---

54 Per *diritti disponibili* si intendono quelli di cui un soggetto abbia una piena disponibilità, ad esempio i diritti di carattere patrimoniale.

55 Da intendersi quale tutela volta a garantire garantire che la questione possa essere decisa da un giudice.

Sebbene ci sia questa rigorosità della normativa circa le condizioni affinché sussista la deroga alla giurisdizione (italiana), nel corso del tempo e successivamente alla entrata in vigore della normativa *de quo*, vi sono state casistiche a ritenere la deroga in favore della giurisdizione italiana in virtù di comportamenti concludenti e direttamente riconducibili delle parti interessate e coinvolte (ciò prevalentemente nel campo dei trasporti marittimi internazionali).

Il momento determinante ai fini della individuazione della giurisdizione è con riferimento allo stato di fatto esistente al momento della proposizione della domanda – a nulla rilevando mutamenti di stato di fatto intervenuti successivamente (art 8 della legge che richiama espressamente l'art 5 codice di procedura civile[56]).

---

56 Art 5 del codice di procedura civile dal titolo *"Momento determinante della giurisdizione e della competenza"* espone *"La giurisdizione e la competenza si determinano con riguardo alla legge vigente e allo stato di fatto esistente al momento della proposizione della domanda, e non hanno rilevanza rispetto ad esse i successivi mutamenti della legge o dello stato medesimo".*

4. Sulla litispendenza internazionale

La litispendenza internazionale è disciplinata dall'art 7 della legge la quale prevede l'esclusione della giurisdizione italiana a favore della giurisdizione straniera nel caso in cui sia stato già instaurato un procedimento innanzi a quest'ultimo.

L'eccezione di litispendenza deve essere rilevata su istanza di parte – in quanto non rilevabile d'ufficio – e con esame da parte del giudice sulla identità delle parti, dell'oggetto e del titolo nonché esame da parte del giudice sugli effetti che produrrà l'eventuale provvedimento del giudice straniero nell'ambito del territorio italiano, attraverso un controllo anticipato ai sensi degli artt 64 e 65 della L. 218.

Nel frattempo, il giudice italiano comincia con un precedente esame della eventuale conoscibilità della controversia.

Pertanto, il procedimento italiano sarà sospeso in attesa di una definizione del procedimento già instaurato all'estero e nel caso quest'ultimo non si concludesse con una decisione, le parti potranno riassumere innanzi al giudice italiano il medesimo procedimento.

Il processo innanzi al giudice straniero seguirà le forme della legge dello Stato in cui si sta svolgendo.

La Convenzione di Bruxelles del 1968 ha regolamentato un sistema unitario a livello comunitario in modo che ogni controversia che presenti elementi di estraneità abbia sempre un proprio unico giudice con esclusione di una qualsiasi interferenza di altre giurisdizioni[57].

Dal punto di vista della Convenzione di Bruxelles, la litispendenza è attivabile d'ufficio e non di parte e, inoltre, aggiunge che affinché si configuri la litispendenza occorra identità soggettiva, oggettiva e che l'attore persegua lo stesso scopo.

Il tema della litispendenza internazionale ha incontrato un intervento notevole anche con il Regolamento CE 44/2001 e 1647/2000 rispettivamente sulle decisioni in materia commerciale e matrimoniale.

In ambito comunitario, interviene l'articolo 28 del Regolamento che ha altresì previsto il caso della litispendenza internazionale per connessione, nello specifico statuendo la

____

57 Concetto espresso nell'art 21 della Convenzione richiamata.

giurisdizione a favore del giudice straniero – sebbene adito successivamente - anche quando il procedimento pendente dinanzi a quest'ultimo sottoposto presenti degli elementi di connessione al fine di evitare che vi siano decisioni incompatibili con una trattazione separata, ma uniformi.

5. Quando non sussiste la giurisdizione italiana

Premessi i casi in cui sussiste la giurisdizione italiana, in virtù dei principi enunciati nel corso del presente scritto, ci sono casi in cui la giurisdizione dei giudici italiani viene meno:

a) in Stati stranieri per gli atti posti in essere all'estero da soggetti nell'esercizio di pubbliche funzioni e che risultino incompatibili con la soggezione all'autorità di un giudice appartenente ad un altro Stato;

b) nei confronti di organizzazioni internazionali (quali ad es FAO, ONU[58], CEE, NATO) per cui l'esenzione dalle giurisdizioni

58 *ONU, sigla di* Organizzazione delle Nazioni Unite e nota anche come Nazioni Unite, l'Onu ha sede a New York negli Stati Uniti.

nazionali viene affrontata direttamente nei trattati istitutivi delle medesime;

c) nei confronti di agenti diplomatici i quali atti svolti nell'esercizio delle proprie funzioni sono direttamente riconducibili allo stato

------

All'indomani della fine della seconda guerra mondiale, con lo scopo di promuovere la cooperazione tra gli stati del mondo per evitare il proliferare di nuovi scontri militari, l'Onu è l'organizzazione intergovernativa più importante ed estesa al mondo.

Riunisce attualmente ben 193 stati del mondo ed ha uffici di rappresentanza distribuiti in tutti i continenti e nelle principali città del pianeta. Operante quotidianamente per tutelare lo sviluppo della cooperazione internazionale in tema di giurisprudenza, sicurezza, sviluppo economico, progresso sociale, difesa dei diritti umani e della pace, l'Onu si è data una struttura che riunisce cinque principali organi.

L'ONU venne fondata con una conferenza internazionale apertasi il 25 aprile 1945 San Francisco, che fu anche la sua prima sede, e conclusasi il 26 giugno con la firma dello Statuto delle Nazioni Unite da parte di 50 Stati.

I membri permanenti del Consiglio di sicurezza erano i cinque maggiori Paesi vincitori della seconda guerra mondiale: Cina (poi sostituita dalla Repubblica Popolare Cinese), Francia, Regno Unito, Unione Sovietica (a cui poi è subentrata l'URSS), Stati Uniti.

L'articolo 1 e 2 dello Statuto delle Nazioni Unite riassumono gli scopi e i principi che l'organizzazione internazionale si è prefissata: 1) Mantenere la pace e

rappresentato eppertanto si applica quanto indicato in a).

Per consuetudine, l'esclusione della giurisdizione si applica anche per gli atti svolti dai diplomatici non propriamente nell'esercizio delle proprie funzioni in quanto atti svolti in ogni caso durante tale tempo e quindi ritenuti volti a completare l'esercizio delle funzioni.

6. Principi fondamentali in materia di disciplina processuale

Dopo aver esposto la disciplina riguardo alla individuazione della giurisdizione applicabile, dei casi di sussistenza della

la sicurezza internazionale; 2) Promuovere la soluzione delle controversie internazionali e risolvere pacificamente le situazioni che potrebbero portare ad una rottura della pace; 3) Sviluppare le relazioni amichevoli tra le nazioni sulla base del rispetto del principio di uguaglianza tra gli Stati e l'autodeterminazione dei popoli; 4) Promuovere la cooperazione economica e sociale; 5) Promuovere il rispetto dei diritti umani e delle libertà fondamentali a vantaggio di tutti gli individui; 6) Promuovere il disarmo e la disciplina degli armamenti; 7) Promuovere il rispetto per il diritto internazionale ed incoraggiarne lo sviluppo progressivo, la sua codificazione e il suo sistema internazionale.

giurisdizione italiana in ogni caso, dei criteri da applicare riguardo alle singole discipline della separazione, filiazione …, di seguito gli aspetti fondamentali previsti da rispettare in fase di instaurazione processuale.

> ➢ Il principio generale per cui il processo segue le regole della legge dello Stato in cui si svolge anche in relazione ai presupposti inerenti la capacità processuale, alla legittimazione processuale, alla competenza, alla giurisdizione;

> ➢ la capacità processuale (intesa come attitudine ai sensi dell'art 24 Costituzione[59] ad essere parte in un processo) è disciplinata dalla legge nazionale della parte (in diretta applicazione del principio di *lex fori* di cui all'art 23 L. 218);

> ➢ in ogni caso, lo svolgimento del processo in Italia avviene secondo le norme del processo italiano e può comportare, in caso di presenza di elementi di estraneità,

---

59 Art 24 Costituzione: "Tutti possono agire in giudizio per la tutela dei propri diritti e interessi legittimi.
La difesa e' diritto inviolabile in ogni stato e grado del procedimento. Sono assicurati ai non abbienti, con appositi istituti, i mezzi per agire e difendersi davanti ad ogni giurisdizione.
La legge determina le condizioni e i modi per la riparazione degli errori giudiziari"

l'introduzione quali norme di applicazione necessarie di discipline specifiche *ad hoc* quali ad esempio l'art 142 cpc[60] secondo i principi della Convenzione dell'Aja, l'art 204 cpc[61], l'art 22 cpc[62].

---

60 Art 142 codice procedura civile, intitolato *"Notificazione a persona non residente, ne' dimorante, ne' domiciliata nel Regno"*.
"1. Salvo quanto disposto nel secondo comma, se il destinatario non ha residenza, dimora o domicilio nello Stato e non vi ha eletto domicilio o costituito un procuratore a norma dell'articolo 77, l'atto e' notificato mediante spedizione al destinatario per mezzo della posta con raccomandata e mediante consegna di altra copia al pubblico ministero che ne cura la trasmissione al Ministero degli affari esteri per la consegna alla persona alla quale e' diretta.
2.Le disposizioni di cui al primo comma si applicano soltanto nei casi in cui risulta impossibile eseguire la notificazione in uno dei modi consentiti dalle Convenzioni internazionali e dagli articoli 30 e 75 del decreto del Presidente della Repubblica 5 gennaio 1967, n. 2000"
61 Art. 204 codice procedura civile, intitolato"Rogatorie alle autorita' estere e ai consoli italiani": "Le rogatorie dei giudici italiani alle autorita' estere per l'esecuzione di provvedimenti istruttori sono trasmesse per via diplomatica.
Quando la rogatoria riguarda cittadini italiani residenti all'estero, il giudice istruttore delega il console competente, che provvede a norma della legge consolare.
Per l'assunzione dei mezzi di prova e la prosecuzione del giudizio il giudice pronuncia i

Con riferimento ai <u>mezzi di prova</u>, la disciplina è disposta dall'art 57 unitamente all'art 69 della legge in questione.

In particolare, la normativa chiarisce *"Le sentenze e i provvedimenti di giudici stranieri riguardanti esami di testimoni, accertamenti tecnici, giuramenti, interrogatori o altri mezzi di prova da assumersi nella Repubblica sono resi esecutivi con decreto della corte d'appello del luogo in cui si deve procedere a tali atti "* e

---

provvedimenti previsti negli ultimi tre commi dell'articolo precedente"

62 Art. 22 cod proc civ. "Foro per le cause ereditarie": "E' competente il giudice del luogo dell'aperta successione per le cause:

1) relative a petizione o divisione di eredita' e per qualunque altra tra coeredi fino alla divisione;

2) relative alla rescissione della divisione e alla garanzia delle quote, purche' proposte entro un biennio dalla divisione;

3) relative a crediti verso il defunto o legati dovuti dall'erede, purche' proposte prima della divisione e in ogni caso entro un biennio dall'apertura della successione;

4) contro l'esecutore testamentario, purche' proposte entro i termini indicati nel numero precedente.

Se la successione si e' aperta fuori del Regno, le cause suindicate sono di competenza del giudice del luogo in cui e' posta la maggior parte dei beni situati nel Regno, o, in mancanza di questi, del luogo di residenza del convenuto o di alcuno dei convenuti

all'uopo la Corte delibera in camera di consiglio per poi rimettere al Giudice competente.

Inoltre, all'assunzione di mezzi di prova o all'espletamento di altri atti istruttori non previsti dall'ordinamento italiano, si procede purchè non contrastino con i principi dell'ordinamento stesso e secondo la disciplina della legge italiana.

Per poi precisare *"Tuttavia si osservano le forme espressamente richieste dall'autorità giudiziaria straniera in quanto compatibili con i principi dell'ordinamento italiano"*.

E' da aggiungere che il quadro normativo processuale internazionalprivatistico di cui alla L. 218, è completato ed integrato dal Regolamento UE n. 1347/2000 (in vigore dal 1 marzo 2001) e successive modifiche e integrazioni - relativo alla competenza, al riconoscimento e all'esecuzione delle decisioni in materia matrimoniale e in materia di potestà dei genitori sui figli nonché i Regolamenti in materia civile e commerciale (di cui si parlerà più innanzi).

Prima delle modifiche apportate in occasione della introduzione in Italia delle unioni civili – di cui pure diremo più avanti – il nostro ordinamento non conteneva alcuna norma di diritto internazionale privato volta a individuare il diritto applicabile ai rapporti familiari tra persone del medesimo sesso.

Sotto il profilo del diritto processuale civile internazionale, la giurisprudenza interna in materia, peraltro, riteneva - in virtù del contesto storico, sociale e giuridico - finanche non trascrivibili i relativi atti di matrimonio e non riconoscibili le relative sentenze, essenzialmente per incompatibilità con l'ordine pubblico internazionale, come allora percepito vigente.

Infatti, la Corte costituzionale, con sentenza del 14 aprile 2010, n. 138, poi confermata con ordinanza n. 276 del 2010, ha dichiarato in parte inammissibili e in parte infondate le questioni di costituzionalità sollevate dal Tribunale di Venezia e dalla Corte d'appello di Trento per presunta violazione degli artt. 2, 3, 29 e 117, comma 1, Cost. da parte di alcuni articoli del codice civile *«nella parte in cui, sistematicamente interpretati, non consentono che le persone di orientamento omosessuale possano contrarre matrimonio con persone dello stesso sesso»*.

È anche vero che la Corte, nel caso di specie, ha riconosciuto però alle unioni tra persone dello stesso sesso la natura di formazioni sociali tutelate dall'art. 2 Cost., ai cui membri spetta quindi «*il diritto fondamentale di vivere liberamente una condizione di coppia, ottenendone – nei tempi, nei modi e nei limiti stabiliti dalla legge – il riconoscimento giuridico con i connessi diritti e doveri*»

Questo rendeva l'approccio del legislatore italiano in materia di diritto internazionale privato della famiglia non pienamente compatibile tanto con la Convenzione europea dei diritti dell'uomo, quanto con i diritti fondamentali tutelati dall'ordinamento unionale[63] espressi per il tramite della giurisprudenza della Corte di giustizia e, poi, formalizzati anche nella Carta dei diritti fondamentali dell'Unione europea (Cdfue), essenzialmente per l'esistenza della discriminazione tra le varie "categorie" di figli e di *partner*.

Per quanto riguarda la Cedu, ricordiamo come in diverse occasioni la Corte europea dei diritti

---

63 Unionale, espressione per riferirsi all'Unione Europea.

dell'uomo abbia accertato la violazione dell'art. 14 (che contempla il divieto di discriminazione) in combinato disposto con l'art. 8 della medesima Convezione che ha inteso la famiglia e le sue nuove forme nell'ambito del rispetto del principio del rispetto della vita privata e familiare – consentendo così un'interpretazione estesa ai mutamenti sociali e culturali.

Orientamento da cui ha preso spunto ed è stata "influenzata" la normativa italiana.

QUARTA PARTE

1. Sul riconoscimento ed efficacia delle decisioni giudiziarie e degli atti stranieri

Il riconoscimento di atti stranieri e decisioni giudiziarie straniere è fondamentale ai fini di una coesione e integrazione a livello comunitario prima e internazionale poi – sebbene occorra sempre fare riferimento ai principi di base dell'ordinamento nazionale.
La legge sul diritto internazionale privato attribuisce un riconoscimento differente – da parte del giudice italiano - agli atti stranieri in base alla tipologia, tracciando i seguenti aspetti:

a) gli atti legislativi sono riconosciuti nei casi e nei limiti in cui sono richiamati dal sistema di diritto internazionale privato;

b) gli atti amministrativi non hanno alcun rilievo nel nostro ordinamento;

c) per quanto riguarda le sentenze straniere un passo importante lo ha avuto la Convenzione di Bruxelles del 1968 riconosciuta in Italia nel 1973 che ha intesto instaurare una giurisdizione europea le cui decisioni avrebbero dovuto avere un identico valore formale e sostanziale nel territorio degli Stati membri. Di qui a seguire le sue intervenute modifiche e integrazioni nel tempo susseguitesi;

d) la riforma del 1995 ha consentito il riconoscimento delle sentenze straniere (ai sensi degli artt. 64-65), abolendo il procedimento di delibazione[64] di cui all'(ex) art.796 cpc[65]. I provvedimenti giudiziari pronunciati all'estero sono riconosciuti provenienti da un giudice competente, se non sono stati violati i diritti essenziali della difesa e le parti si sono regolarmente costituite, se la sentenza è passata in giudicato e non è contraria ad altra sentenza pronunziata da un giudice italiano passata in

---

64 Procedimento di delibazione, per indicare il procedimento di verifica circa il rispetto dei requisiti richiesti dall'ordinamento giuridico italiano, a cui sono sottoposti atti emessi dal giudice di un altro Stato.

65 *Art 796 cpc*, abrogato con l'introduzione della Legge 218 del 1995 sul diritto internazionale privato e far data dalla proroga della sua entrata in vigore nel gennaio 1996.

giudicato e, soprattutto, se quando non produca effetti contrari all'ordine pubblico (art.64).

e) Questo vale anche per i procedimenti di volontaria giurisdizione e le ADR (risoluzioni alternative delle controversie), rendendo possibile la Mediazione Civile e Commerciale Internazionale per tutte le vertenze che possano dare effetto all'autonomia negoziale delle parti (art. 66).

f) le sentenze straniere sono riconosciute in maniera automatica – salvi i casi del procedimento di delibazione ancora vigente in alcuni casi (è il caso delle sentenze di nullità emesse dal Tribunale ecclesiastico[66]). Vizi ed eventuale mancanza di motivazione della sentenza di un Paese straniero non sono cause ostative al riconoscimento delle medesime sentenze in Italia.

L'Autorità Giudiziaria effettua un controllo successivo ed eventuale (di accertamento) della sentenza straniera ai sensi dell'art 67 con

---

66 Sul riconoscimento delle sentenze di nullità del matrimonio emesse dal Tribunale ecclesiastico e del relativo procedimento di delibazione, se ne parlerà nel corso della quarta parte di questo scritto.

il previo controllo dei requisiti di cui all'art 64 della L. 218.

Riguardo al riconoscimento di provvedimenti, atti e sentenze stranieri, vi è una <u>numerosa casistica</u> che permette di capire l'orientamento e l'interpretazione della legislazione italiana e la sua evoluzione.

All'uopo, si richiama l'esempio in merito alla "<u>maternità surrogata</u>" o "surroga di maternità" (alla quale, spesso, si fa riferimento con la brutta espressione "utero in affitto") che costituisce un meccanismo di procreazione assistita in cui una donna provvede alla gestazione per conto di una o più persone, che saranno genitori del nascituro.

Disciplina in Italia ancora non prevista e su cui si dibatte, anche in virtù della situazione legislativa in altri Stati membri e non.

In genere, al fine di regolamentare tutte le relazioni tra le parti coinvolte nel rapporto, viene instaurato un contratto.

Senza entrare nei particolari - la fecondazione può essere così effettuata - con gameti sia della coppia (o di uno dei soggetti della coppia) sterile, sia della gestante, sia, ancora, di donatrici e donatori terzi, attraverso concepimento *in vitro*.

Rispetto alla questione appena esposta, vi sono stati pronunciamenti giurisprudenziali, anche nel sistema giuridico italiano.

È il caso di ricordare che la Cassazione italiana, con la sentenza 11 novembre 2014, n. 24001, ha negato la trascrivibilità di un atto di nascita di un nato in Ucraina con procedimento di surroga di maternità, con utilizzo di materiale biologico del tutto estraneo alla coppia di committenti, e confermandone lo stato di adottabilità.

Di altro avviso era stata la giurisprudenza di merito che, sulle prime, riteneva che un atto siffatto fosse trascrivibile in quanto non contrario a ordine pubblico (*cfr.* Trib. Napoli, 1° luglio 2011; Corte appello Bari, 13 febbraio 2009).

L'argomento di cui innanzi – della surroga della maternità appunto - è regolata in maniera molto differente nei vari ordinamenti statali, i quali possono contemplarne la piena legittimità – cui consegue, in alcuni casi, l'attribuzione immediata, da parte della *lex loci*, del rapporto di filiazione del nato esclusivamente con i genitori committenti: è il caso, ad esempio, dell'Ucraina, che condiziona tale attribuzione al fatto che il nato sia geneticamente figlio di almeno uno dei committenti o addirittura vietarla del tutto, prevedendo finanche sanzioni penali per chi dovesse far ricorso a tale tecnica riproduttiva.

In quest'ultimo caso rientra l'ordinamento italiano che, con l'art 12 comma 6, legge n. 40 del 2004[67], sanziona penalmente la surroga di

67 Infatti, nello specifico statuisce: Art 4 comma 3 *"E' vietato il ricorso a tecniche di procreazione medicalmente assistita di tipo eterologo"* e all'art 12 comma 6 stabilisce *"Chiunque, in qualsiasi forma, realizza, organizza o pubblicizza la commercializzazione di gameti o di embrioni o la surrogazione di maternita' e' punito con la reclusione da tre mesi a due anni e con la multa da 600.000 a un milione di euro"* e al comma 1 del medesimo articolo statuisce *"Chiunque a qualsiasi titolo utilizza a fini procreativi gameti di soggetti estranei alla coppia richiedente"* è punito con una sanziona amministrativa.
Mentre all'articolo 1 della medesima Legge si dispone *"Al fine di favorire la soluzione dei problemi riproduttivi derivanti dalla sterilita' o dalla infertilita' umana e' consentito il ricorso alla procreazione medicalmente assistita, alle condizioni e secondo le modalita' previste dalla presente legge, che assicura i diritti di tutti i soggetti coinvolti, compreso il concepito. 2. Il ricorso alla procreazione medicalmente assistita e' consentito qualora non vi*

maternità – in quanto nel sistema giuridico italiano sussiste il principio generale *"mater semper certa"*, pertanto si verrebbe a creare un contrasto con lo stesso.

Infatti, il predetto principio è quindi l'attuazione di ulteriori principi presenti nel nostro ordinamento, in particolare il DPR n. 396 del 2000 che rubricato all'art 18 *"Casi di intrascrivibilità"* statuisce *"Gli atti formati all'estero non possono essere trascritti se sono contrari all'ordine pubblico"* e, ovviamente, al riconoscimento delle sentenze.

Ciò per richiamare l'attenzione sulle "nuove famiglie" e sui meccanismi di funzionamento nel nostro sistema di diritto internazionale privato.

Con l'evoluzione sociale e l'adeguamento anche della *cultura giuridica* alle nuove forme di famiglia – come già rappresentato nel corso del presente scritto – si è introdotta nel nostro ordinamento la possibilità di riconoscere effetti in Italia a provvedimenti stranieri mediante l'utilizzo di vari strumenti e istituti giuridici.

---

siano altri metodi terapeutici efficaci per rimuovere le cause di sterilita' o infertilita'".

E' il caso del riferimento: a) alla trascrizione dell'atto di nascita; b) al riconoscimento di sentenze straniere; c) all'istituto dell'adozione, con la così chiamata *"stepchild adoption"*[68].

Nell'ottica dell'argomento di cui innanzi nonché sempre tenendo in considerazione l'evoluzione e l'adeguamento che spesso subisce il diritto, occorre riportare l'esempio di una giurisprudenza recentissima rilevante e innovativa dal punto di vista dell'interpretazione nonché di avvicinamento alle culture internazionalprivatistiche.

Le sezioni unite civili della Corte di cassazione, con la sentenza n. 12193 dell'8 maggio 2019, per un verso hanno confermato la non trascrivibilità in Italia di un provvedimento straniero il quale accerti il rapporto di <u>filiazione</u> tra i due membri di una <u>coppia omosessuale</u> e due minori nati con la <u>tecnica della surroga di maternità</u> ma per l'altro, e al contempo, hanno sancito la possibilità, per costoro, di far ricorso all'adozione "in casi particolari"[69].

---

68 *Stepchild adoption,* che consiste nel rapporto di genitorialità di un membro di coppia omosessuale rispetto al figlio biologico dell'altro membro.

69 *Adozione in stati particolari*, forma di adozione introdotta dalla legislazione italiana in materia di

Numerosi i punti di interesse della sentenza, sotto il profilo dell'impatto avvenuto nelle "nuove" famiglie nel sistema internazionalprivatistico italiano sul presupposto che ormai l'ordinamento giuridico italiano condivide sempre più i principi internazionali e la tutela dei diritti fondamentali riferiti al sistema di diritto internazionale, al quale fa inevitabilmente riscontro un affievolimento dell'attenzione verso quei profili della disciplina interna che, pur previsti da norme imperative, spesso non rispondono ai predetti canoni, con il conseguente mutamento del contenuto dell'ordine pubblico internazionale e, quindi, del connesso limite all'ingresso di regolamentazioni esterne.

Infatti, significativo è considerare che sebbene la Corte abbia negato la trascrivibilità dell'atto di nascita ritenendo il divieto di maternità surrogata vigente in Italia, sanzionato peraltro penalmente, in quanto ancora parte degli interessi di ordine pubblico e che, come pure sancito dalla Corte Europea dei diritti dell'uomo, la sentenza contiene però un importante riconoscimento della

____

adozione al fine di tutelare un minore in difficoltà, ma che però non presenti i requisiti "ordinari" per essere adottato.

omogenitorialità, da rinvenirsi nella possibilità di utilizzare, anche nel caso di coppie del medesimo sesso, l'art. 44, lett. *d*, legge n. 184 del 1983 il quale prevede la possibilità di adozione di minori anche in assenza dei presupposti di cui all'art. 7 della stessa legge (e, in particolare, lo stato di abbandono dichiarato ai sensi di tale norma), quando via sia la constatata impossibilità di un affidamento pre adottivo.

Richiamando ancora una casistica che ha comportato mutamenti nell'ordinamento giuridico italiano sia dal punto di vista di una interpretazione estensiva e/o creativa o all'introduzione di innovazioni legislative - si pensi, ad esempio, a come il <u>matrimonio contratto all'estero tra persone del medesimo sesso</u>, pur improduttivo di effetti giuridici in Italia, non sembri essere più incompatibile con l'ordine pubblico, dal momento che, sia la Corte costituzionale ha fatto rientrare le coppie omosessuali tra le formazioni sociali tutelate dall'art. 2 Cost. e, per altro, la Corte europea dei diritti dell'uomo ha affermato che la nozione di "vita familiare" (e non solo quella di "vita privata") ricomprende anche quella di una coppia formata da persone dello stesso sesso.

All'uopo, l'impatto del diritto internazionalprivatistico proprio degli ordinamenti esteri ha comportato anche conseguenze di adeguamento in Italia – fino a giungere alla previsione e introduzione nel diritto sostanziale della disciplina del matrimonio contratto all'estero da cittadini italiani dello stesso sesso che produrrà in Italia gli *effetti* dell'unione civile regolata dalla legge italiana (art. 32-*bis*) nonché ha visto anche la modifica della norma di conflitto sulle obbligazioni alimentari (art. 45).

Con sentenza n. 11696 del maggio 2018 la Corte di cassazione ha esaminato, per la prima volta, l'art. 32-*bis* della l. 218/1995 («Matrimonio contratto all'estero da cittadini italiani dello stesso sesso. *Il matrimonio contratto all'estero da cittadini italiani con persona dello stesso sesso produce gli effetti dell'unione civile regolata dalla legge italiana»*), dovendo decidere se quella disposizione si applichi anche ai matrimoni contratti all'estero da persone dello stesso sesso, per l'ipotesi in cui l'unione coniugale sia stata contratta non tra cittadini italiani, ma da un cittadino italiano con un cittadino straniero (in altri termini, da una c.d. «*coppia mista*»).

La Corte ha ritenuto, di predicare l'«*applicabilità diretta*» dell'art. 32-*bis* a tutte le fattispecie matrimoniali dello stesso sesso costituite all'estero in cui sia cittadino straniero anche uno solo dei due coniugi.

In particolare, nel proprio ragionamento, il Giudice di legittimità[70] - muove da un preciso presupposto: negare l'applicazione della legge 76/2016 e delle norme di conflitto introdotte dal decreto n. 7/2017 a matrimoni stranieri formati prima dell'entrata in vigore di quelle disposizioni, secondo quanto prospettato dalla coppia ricorrente, significherebbe privare di tutela i coniugi e, così, discriminarli rispetto a chi abbia assunto il vincolo coniugale dopo quella data.

La Corte di cassazione reputa pacifico che, ai sensi dell'art. 32-*bis*, nell'ipotesi in cui l'atto di matrimonio tra persone dello stesso sesso sia formato all'estero da due cittadini entrambi italiani esso produce, nello Stato italiano, gli

---

70 *Giudice di legittimità*, appunto la Corte di Cassazione quale organo giudicante nel caso in questione.

effetti propri dell'«*unione civile*» e deve essere trascritto nel "*registro delle unioni civili*"[71].

Sempre ai sensi dell'art. 32-*bis*, la Corte, statuisce che i matrimoni tra cittadini stranieri sfuggano a quella disposizione: il carattere "*intrinsecamente transnazionale*" esclude, infatti, un "*intento di aggiramento della L. n. 76 del 2016 e del modello di unione civile vigente nel nostro ordinamento*", perché il matrimonio tra stranieri è "*caratterizzato da un* sufficiente *grado di estraneità rispetto al nostro ordinamento*".

Quei matrimoni, dunque, ritiene la Suprema Corte, devono essere trascritti nei registri di matrimonio.

La Corte, infatti, tra l'altro, ha esteso l'interpretazione in tal senso, anche argomentando e sottolineando la coerenza dell'ordinamento: se non si estendesse l'art. 32-*bis* anche alle coppie miste si creerebbe un "*conflitto non risolvibile*" circa la forma e gli effetti della trascrizione dell'atto contratto all'estero, dacché l'art. 27 della legge 218/1995 rinvia alla legge nazionale di ciascuno dei nubendi; e quello della "*discriminazione a*

---

71 Cfr, ai sensi dell'art. 134-*bis*, comma III, lett. *a)* del R.D. 1238/1939.

rovescio" («*se l'art. 32 bis non si applicasse anche ai cd. matrimoni "misti" [...] si determinerebbe una discriminazione cd. "a rovescio" tra i cittadini italiani che hanno contratto matrimonio all'estero*.

Precedentemente l'approvazione della legge Cirinnà[72], vi era chi riteneva possibile la conclusione, in Italia, di <u>contratti di convivenza</u> mediante l'applicazione delle norme di diritto straniero che lo consentissero[73].
Inoltre, con la legge Cirinnà veniva delegato al Governo il riordino delle norme di diritto internazionale privato al fine di prevedere l'applicazione della disciplina dell'unione civile tra persone dello stesso sesso *regolata dalle leggi italiane* alle coppie formate da persone dello stesso sesso che abbiano contratto all'estero matrimonio, unione civile o altro istituto analogo.

Il patto di solidarietà civile (Pacs) è una *partnership* contrattuale stabilita tra due adulti,

---

72 *Legge Cirinnà*, già nominata Legge 20 maggio 2016, n. 76 dal titolo "*Regolamentazione delle unioni civili tra persone dello stesso sesso e disciplina delle convivenze*"

73 Si pensi, ad esempio, al *pacte civil de solidarité* dell'ordinamento francese o alla *lebenspartnerschaft* tedesca.

a prescindere dal loro sesso, il cui scopo è organizzare la loro vita insieme stabilendo tra loro diritti e doveri.

La legge che istituisce il Pacs fu approvata in Francia nel 1999 (sotto il Governo Jospin) al fine di offrire tutela alle coppie omosessuali che aspiravano a un riconoscimento del loro *status*.

Il 23 aprile 2013 il Parlamento francese ha approvato la proposta di legge del Governo Hollande di estendere l'istituto del matrimonio alle coppie dello stesso sesso.

E' andato sempre più aumentando il numero di Paesi europei che consente il matrimonio omosessuale, tra cui si è inserita anche l'Italia sin dal 2016 con una regolamentazione normativa.

La Corte di Cassazione, ancor prima dell'introduzione della legge istitutiva delle unioni civili in Italia – trovandosi a giudicare su un ricorso presentato da una coppia omosessuale italiana sposatasi in Olanda ha stabilito con la sent. n. 4184/2012 che il matrimonio tra persone dello stesso sesso, contratto in un Paese estero non è valido in Italia; tali soggetti non possono far valere il diritto a contrarre matrimonio né il diritto alla trascrizione del matrimonio celebrato all'estero. Tuttavia, la Corte, nella medesima pronuncia evidenziava che le coppie omosessuali, come quelle eterosessuali, hanno il diritto alla vita familiare, a vivere liberamente una condizione di coppia e ad avere un trattamento omogeneo a quello assicurato dalla legge alla coppia coniugata.

All'uopo, la Corte precisava con la pronuncia che sussiste infatti, in Italia un problema di trascrivibilità del matrimonio omosessuale regolarmente celebrato all'estero.

Infatti, anche in un recente caso, l'Ufficiale di Stato Civile del Comune competente ha ritenuto l'annotazione contraria all'ordine pubblico internazionale, rifiutando pertanto di procedere. La decisione è stata confermata dalla giurisprudenza (per esempio in tal senso, la Corte di Appello Roma, 13 luglio 2007).

Il Reg. comunitario n. 2201 del 27 novembre 2003 è in materia di divorzio, sulla separazione e l'annullamento del matrimonio volto al fine di evitare i conflitti di competenza fra gli Stati in queste materie.

Tuttora, infatti, il diritto comunitario continua a considerare la materia familiare competenza riservata degli Stati membri e ci si limita ad auspicare una progressiva armonizzazione delle diverse legislazioni.

Il diritto di famiglia non è stato direttamente toccato dal generale processo di c.d. "comunitarizzazione" del diritto privato, tuttavia interventi diretti, in settori di competenza comunitaria formalmente estranei al diritto di famiglia, contribuiscono a plasmare un diritto comunitario della famiglia, che va tenuto in considerazione sia *de iure condito* dagli Stati membri, sia *de iure condendo* dal legislatore comunitario.

In particolare, si è rivelata di fondamentale importanza la normativa della CEDU[74] che garantisce il rispetto della vita e alla vita familiare.

Gli organi di Strasburgo riconoscono la possibilità per gli Stati contraenti di accordare

---

74 La *Convenzione europea dei diritti dell'Uomo (CEDU)*, firmata a Roma il 4 novembre del 1950 e ratificata in Italia con la l. 4 agosto 1955, n. 848, è la fonte internazionale di maggior impatto sul diritto di famiglia italiano. Il suo organo giurisdizionale è la Corte Europea dei diritti dell'Uomo con sede a Strasburgo.

una tutela giuridica privilegiata all'unione coniugale.

Fino a prima della introduzione in Italia della L. n. 76 del 2016 sulla regolamentazione delle unioni civili e convivenze di fatto, non sono mai state reputate contrarie agli artt. 8 e 14 CEDU le normative nazionali che non equiparassero alle coppie coniugate le coppie eterosessuali di fatto per il godimento di benefici previdenziali, del diritto di abitazione della casa familiare dopo la rottura del rapporto di coppia e della pensione di reversibilità[75].

In riferimento al "diritto di formare una famiglia" previsto dall'art. 12, la giurisprudenza della Corte Europea dei Diritti dell'Uomo – che si rifà esclusivamente all'esistenza di un vincolo coniugale regolato dalle norme interne di ciascuno Stato membro (in ossequio al *«principio di nazionalità del diritto familiare e matrimoniale»*, art. 9 CEDU) – è apparsa invece statica con la conseguenza che tale diritto non ha un rilievo autonomo e non è

---

75 Per approfondire l'argomento, si consiglia il confronto con gli altri miei scritti "Piccola guida al diritto di famiglia" e Piccola guida al diritto delle successioni ereditarie", entrambi ebook pubblicati on line.

quindi riconosciuto ai membri di unioni non matrimoniali.

L'art. 12 della CEDU copre azioni puntuali: l'atto di sposarsi; l'atto di avere o di adottare un figlio.

Ne consegue che tale norma si applichi alla famiglia legittima fondata sul matrimonio; non tutela perciò le relazioni extraconiugali, non estende gli effetti del matrimonio alle coppie non sposate, non protegge il diritto di avere figli al di fuori del matrimonio.

L'art. 8 della CEDU copre, invece, uno stato continuativo inglobando i legami relazionali che risultano da queste azioni puntuali.

All'uopo, la Corte di Strasburgo, ha ritenuto che la relazione di fatto tra omosessuali conviventi costituisca *"vita familiare"* precisando che il principio di cui all'art 8 comprendesse anche la relazione di fatto tra partner dello stesso sesso era qualificabile come "vita privata" e degna di protezione giuridicamente.

Il diritto di ogni persona di contrarre matrimonio sancito dal succitato art. 12 della CEDU è proclamato anche dall'art. 16 della Dichiarazione Universale[76] dei Diritti dell'Uomo

---

76 Dichiarazione Universale dei diritti dell'Uomo, sin dai primi articoli espone i suoi principi fondamentali, in particolare: "Tutti gli esseri umani nascono liberi ed

del 1948 che ne sancisce il diritto e dall'art. 9 della Carta dei Diritti fondamentali dell'Unione Europea del 2000.

L'art. 9 della Carta di Nizza riconosce il diritto a tutti i cittadini europei di sposarsi e di formare una famiglia affermando che nessuna legislazione nazionale deve frapporre ostacoli a ciò che è già stato riconosciuto nello spazio giuridico Europa, avendo l'Italia ratificato il Trattato di Lisbona.

Fin quando in Italia non vi era una legge che regolasse le unioni di fatto, le persone potevano preliminarmente stipulare delle convenzioni patrimoniali.

---

eguali in dignità e diritti (…)", "Ad ogni individuo spettano tutti i diritti e tutte le libertà enunciate nella presente Dichiarazione, senza distinzione alcuna (...)" nonché "Ogni individuo ha diritto alla vita, alla libertà ed alla sicurezza della propria persona".
Approvata e proclamata il 10 dicembre 1948 dall'Assemblea Generale, la Dichiarazione Universale dei Diritti dell'Uomo, la medesima Assemblea a proclama che ogni organo della società si sforzi di promuovere, con l'insegnamento e l'educazione, il rispetto di questi diritti e di queste libertà e di garantirne, mediante misure progressive di carattere nazionale e internazionale, l'universale ed effettivo riconoscimento e rispetto tanto fra i popoli.

La necessità di provvedere ad una legge organica in <u>materia di unioni civili</u> nasce ed è nata dall'esigenza di rimuovere ogni ostacolo al riconoscimento anche in Italia del diritto delle singole persone a vedere riconosciuto il diritto fondamentale al "rispetto della vita privata e familiare" ratificato nel Trattato di Lisbona che ha recepito la Carta di Nizza.

Tra le altre normative a livello internazionale che hanno sicuramente influito sulla introduzione e innovazione dell'ordinamento giuridico italiano – quindi con riferimento, in particolare alle "nuove forme di famiglia" - vi è altresì la già richiamata Carta dei diritti fondamentali dell'Unione Europea[77].

La suddetta Carta – in sigla Cdfue - sancisce il diritto al rispetto della vita familiare e privata all'art. 7, il diritto di contrarre matrimonio e fondare una famiglia all'art. 9, il divieto di discriminazioni anche in riferimento alle tendenze sessuali all'art. 21, i diritti del bambino all'art. 24, il diritto dei genitori di educare i figli secondo i propri convincimenti religiosi e i diritti degli anziani all'art. 25, mentre all'art. 33 si garantisce la protezione delle

---

77 La *Carta dei diritti fondamentali dell'Unione Europea* è stata approvata a Nizza nel dicembre del 2000, motivo per cui anche chiamata Carta di Nizza.

famiglie sul piano giuridico, economico e sociale.

Pur essendo per larghi tratti modellata sulle corrispondenti disposizioni della CEDU, la Carta di Nizza ha comunque introdotto alcune innovazioni che la distinguono anche dai più importanti documenti internazionali precedenti: infatti, nell'art. 9 è scomparso il riferimento (previsto dall'art. 12 CEDU) a "uomini e donne" così da coprire i casi nei quali le legislazioni nazionali riconoscono vie diverse del matrimonio per fondare una famiglia.

A completare il quadro della normativa comunitaria, in materia di diritto di famiglia, vi sono diversi "atti normativi" tra cui diverse Raccomandazioni[78] e Risoluzioni[79]: quella sui

---

78 Le Raccomandazioni consistono in atti non vincolanti, diretti a sollecitare gli Stati membri ad adottare un determinato comportamento.
   Le Decisioni sono atti con portata individuale, indirizzati singoli Stati membri o a soggetti privati: creano obblighi solo per i loro destinatari.
79 *Risoluzione*, abitualmente questa espressione si riferisce ad un atto adottato dal Parlamento europeo, che si pronuncia all'unanimità sul rapporto presentatogli da una delle sue Commissioni.
   La risoluzione ha in questo caso la portata di una raccomandazione, ossia atti non vincolanti, ed è indirizzata al Consiglio dell'Unione europea o alla Commissione delle Comunità europee.

diritti del minore (8 luglio 1992), sulla sottrazione dei figli (9 marzo 1993), sulla corresponsabilità dei genitori (29 ottobre 1993), sulla tutela dei minori (12 dicembre 1996), sulla mediazione familiare (21 gennaio 1998), sulla protezione della famiglia e dell'infanzia (n. 4/1999), la Risoluzione del Parlamento Europeo del 13 marzo 2012 sulla parità tra uomini e donne nonché la Direttiva 2004/38/CE relativa al diritto dei cittadini dell'Unione europea e dei loro familiari di circolare e di soggiornare liberamente nel territorio degli Stati membri.

Scopo e conseguenza del Regolamento II bis (ossia Regolamento CE 2201/2003 e già n. 1347/2000) è di individuarsi quale strumento giuridico pensato per aiutare le coppie internazionali a risolvere le controversie relative a divorzio e affidamento dei minori che interessano più paesi.

Più in generale, però, le risoluzioni si inquadrano tra gli atti atipici delle Comunità europee, in particolare quando sono adottate dai rappresentanti degli Stati membri riuniti in seno al Consiglio europeo.
Tali atti, per il foro in cui vengono discussi e adottati e per le materia cui si riferiscono, hanno spesso una notevole rilevanza. Quanto alla loro natura giuridica, essi possono essere considerati degli accordi in forma semplificata.

Al Regolamento Bruxelles II bis, sono collegati i seguenti ulteriori atti: a) Decisione 2010/405/UE del Consiglio, del 12 luglio 2010, che autorizza una cooperazione rafforzata nel settore del diritto applicabile in materia di divorzio e di separazione legale; b) Regolamento (UE) n. 1259/2010 del Consiglio, del 20 dicembre 2010, relativo all'attuazione di una cooperazione rafforzata[80] nel settore della legge applicabile al divorzio e alla separazione personale.

Le legislazioni del Belgio, della Germania e della Francia e l'Accordo franco-tedesco (firmato il 4 febbraio 2010), che prevedeva un regime matrimoniale di partecipazione agli acquisti, anche nel caso di separazione dei beni, sembrava consentire garantire ai coniugi una effettiva parità patrimoniale.

Il gruppo di lavoro ha anche sottolineato l'esigenza di prevedere una maggiore protezione della casa familiare, come già

---

80 Cooperazione rafforzata, la Commissione e gli Stati membri che partecipano a una cooperazione rafforzata si adoperano per promuovere la partecipazione del maggior numero possibile di Stati membri - in virtù dell'art 328 del trattato sul funzionamento dell'Unione europea.
Al momento della loro instaurazione le cooperazioni rafforzate sono aperte a tutti gli Stati membri.

avviene in Belgio (art. 215 c.c.) e in Svizzera (art. 169 c.c.).

Un coniuge da solo non può risolvere il contratto di affitto o alienare o ipotecare la casa o l'appartamento destinato a residenza familiare, né limitare con altri atti i diritti sulla casa familiare, ma è necessario il consenso di entrambi.

In caso di impossibilità ad ottenere il consenso dell'altro coniuge o di suo rifiuto, si potrà chiedere l'autorizzazione del giudice

Pertanto, vista la necessità di armonizzare le discipline, nell'ambito di una cooperazione rafforzata è stato emesso il Infatti, altresì nel quadro del sistema internazionale e soprattutto europeo, ruolo determinante ha assunto il Regolamento UE n. 1104 del 2016riguardante gli effetti patrimoniali delle unioni registrate internazionali al fine di aiutare le coppie a gestire le loro proprietà su base giornaliera e a dividerle in caso di scioglimento o di decesso di uno dei membri della coppia.

Detto regolamento faciliterà anche il riconoscimento e l'esecuzione delle decisioni in materia di proprietà adottate in uno Stato membro UE.

Allo stesso modo e sempre con il sistema della cooperazione rafforzata, è stato introdotto il Regolamento UE n. 1103 del 2016 al fine di regolamentare in maniera più armonizzata e uniforme i rapporti patrimoniali tra i coniugi.

Entrambi i predetti regolamenti, sono stati adottati in alcuni dei Paesi membri UE, tra cui l'Italia nonché Austria, Belgio, Bulgaria, Croazia, Finlandia, Francia, Germania, Grecia, Italia, Lussemburgo, Malta, Paesi Bassi, Portogallo, Repubblica ceca, Slovenia, Spagna, Svezia. In più Cipro anche per il regolamento inerente i rapporti patrimoniali tra i coniugi.

.

Quanto agli <u>accordi prematrimoniali</u>, si è rilevata l'esigenza che si pervenga al più presto ad una normativa che consenta la più ampia libertà negoziale ai coniugi per quanto riguarda i loro rapporti patrimoniali ed economici, sia durante il matrimonio che in vista della loro separazione o divorzio.

* * *

In base alle norme della Convenzione in vigore, quando le autorità dei Paesi stranieri prospettano il collocamento dei minorenni presenti sul loro territorio in Italia, all'interno di una famiglia o in una struttura di accoglienza, oppure ancora in "kafala"[81], prima di emettere tali provvedimenti (che produrranno i propri effetti in Italia), dovranno consultare l'autorità centrale italiana e potranno assumere solo provvedimenti che, in base alle indicazioni ricevute, potranno essere successivamente riconosciuti in Italia.

Rispetto ad un provvedimento di kafala, ad esempio, con richiedenti che vivono in Italia, visto che l'Italia sarà la residenza "futura" del minore, le autorità del Paese terzo devono consultare le autorità italiane; viceversa non possono emettere provvedimenti riconoscibili nel Paese di nuova destinazione.

---

81 Kafala, costituisce oggi lo strumento principale di protezione dell'infanzia in alcuni Paesi islamici e s'intende l'istituto di diritto islamico che accomuna gli ordinamenti giuridici ispirati agli insegnamenti del Corano e che, nei Paesi di fede musulmana, sostituisce l'adozione.
La kafala è un procedimento che si attiva su istanza delle parti e la competenza è sempre delle autorità del luogo in cui vive il minore.

L'autorità centrale, in tal caso, per l'Italia è la Presidenza del Consiglio dei Ministri.

Negli anni passati il Governo italiano ha sempre avuto un atteggiamento di "chiusura" nei confronti del riconoscimento dei provvedimenti di kafala (in particolare il Ministero degli Affari Esteri rispetto alle domande di visto per ricongiungimento), tanto che è sempre stata la giurisprudenza, in seguito ai ricorsi degli interessati, a dichiarare in più pronunce il diritto al visto per ricongiungimento per kafala, che in sede amministrativa era stato negato.

Da un punto di vista pratico e della casistica sull'argomento, con la sentenza n. 7472 del marzo 2008 (e nello stesso senso di argomentazioni e conclusioni, sono anche nelle sentenze della Corte di Cassazione, Sezione Prima Civile, n. 18174 del luglio 2008, e n. 19734 del luglio 2008), la Cassazione ha stabilito che la *kafāla*, come disciplinata dalla legislazione del Marocco, crea un legame tale da giustificare il ricongiungimento familiare, dando quindi diritto a riunire il minore alla sua nuova famiglia, quando si tratta di cittadini marocchini residenti in Italia.

Richiamandosi alle argomentazioni della Corte di Cassazione, sono state emesse alcune sentenze che assimilano la *kafāla* all'affidamento (es. Tribunale di Rovereto, 21 maggio 2009; Tribunale di Brescia, Ordinanza 3 agosto 2009, n. 2724).

Caso diverso si ha quando sia un cittadino italiano a richiedere il riconoscimento della efficacia di una sentenza di *kafāla*.

Con sentenza n. 4868, 1° marzo 2010, la Suprema Corte si è pronunciata sulla richiesta, da parte di un cittadino italiano di origine marocchina, del visto di ingresso per una minore, nata in Marocco, al fine del ricongiungimento familiare in Italia con lui e sua moglie, sulla base di una sentenza marocchina di affidamento secondo l'istituto della *kafāla*.

La Cassazione ha stabilito che ai cittadini italiani deve essere applicato il diritto italiano.

In particolare, le previsioni da applicare nella fattispecie sono quelle dell'adozione internazionale.

Questa tesi è stata ribadita nell'Ordinanza n. 996 del 24 gennaio 2012, della Corte di Cassazione che ha precisato: *"Il vincolo di protezione materiale ed affettiva derivante dalla "kafālah" non costituisce presupposto idoneo a giustificare l'ingresso in Italia di un minore straniero affidato ad un cittadino italiano in virtù del predetto istituto, non essendo applicabile la disciplina del ricongiungimento familiare di cui all'art. 29 del d.lgs. n. 286 del 1998.*"

La Corte di Cassazione a Sezioni Unite, con sentenza n. 21108 del 16 settembre 2013, ha rilevato come non possa essere rifiutato il nulla osta all'ingresso nel territorio nazionale, per ricongiungimento familiare, richiesto nell'interesse del minore cittadino extracomunitario, affidato a cittadino italiano residente in Italia con provvedimento di *kafāla* pronunciato dal giudice straniero, nel caso in cui il minore stesso sia a carico o conviva nel paese di provenienza con il cittadino italiano, ovvero gravi motivi di salute impongano che debba essere da questi personalmente assistito.

La Convenzione ONU sui diritti del fanciullo[82] garantisce il diritto del minore ad avere una protezione sostitutiva della famiglia naturale qualora questa venga a mancare, ed elenca le

---

82 La Convenzione ONU sui Diritti dell'infanzia fu approvata dall'Assemblea Generale delle Nazioni Unite il 20 novembre 1989. Essa esprime un consenso su quali sono gli obblighi degli Stati e della comunità internazionale nei confronti dell'infanzia.

forme, tra cui annovera la *kafāla*, in cui si può concretizzare tale protezione sostitutiva, avendo come preminente elemento di giudizio l'interesse superiore del fanciullo: *"Ogni fanciullo il quale è temporaneamente o definitivamente privato del suo ambiente familiare, oppure che non può essere lasciato in tale ambiente nel suo proprio interesse, ha diritto a una protezione e ad aiuti speciali dello Stato".*

Occorre anche ricordare che alla base di una carente regolamentazione normativa e quindi di una carente uniformità dell'argomento in parola, si pone la problematica del riconoscimento e del diritto al ricongiungimento famigliare di figli di matrimoni poligamici.
Infatti, detti istituti incontrano l'ostacolo con i principi dell'ordinamento giuridico interno.
Al momento, l'Italia ha risolto la problematica suddetta con l'introduzione e l'applicazione dell'istituto emergenziale dell'adozione internazionale – sebbene allo studio ci siano altre opzioni da poter utilizzare che rilancerebbero in modo significativo l'accoglienza dell'infanzia abbandonata nel nostro Paese: tra queste, spicca il

riconoscimento normativo della Kafala – anche in virtù della Convenzione dell'Aja sulla protezione dei minori.

L'istituto giuridico della kafala non va a cancellare il legame che ha il minore con i propri genitori naturali, cosa non ammessa dai principi dell'Islam, bensì a creare un affidamento del minore ad un altro soggetto.

L'affidatario deve professare la fede islamica e avere altre caratteristiche imposte dalla normativa.

Sull'esecuzione della kafala vigila sempre il tribunale preposto, che ha il potere di revocarla.

Al raggiungimento della maggiore età del soggetto protetto, la kafala si estingue.

La Corte di Cassazione, Sezione I Civile, si è occupata, per la prima volta, dell'istituto della *kafāla* con la sentenza n. 21395 del 4 novembre 2005, con la quale ha escluso il potere di rappresentanza legale dell'affidatario nei confronti di un minore dato in affidamento espatriato in Italia, esclusivamente per il profilo processuale della legittimazione autonoma del *kāfil* ad opporsi alla dichiarazione dello stato di adottabilità del minore; mentre, sul piano sostanziale, la sentenza ha riconosciuto che "*la kafālah attribuisce agli affidatari un potere di custodia, a tempo sostanzialmente indeterminato, con i contenuti educativi di un vero e proprio affidamento preadottivo"*.

* * *

Il 21 giugno 2012 è entrato in vigore il nuovo Regolamento CE n. 1259/2010, il quale ha provveduto all'istituzione di un quadro giuridico in materia di legge applicabile al <u>divorzio e alla separazione personale dei coniugi</u> negli Stati membri partecipanti il cui obiettivo è di garantire ai cittadini soluzioni adeguate per quanto concerne la certezza del diritto, la prevedibilità e la flessibilità, impedire le situazioni in cui un coniuge domanda il divorzio prima dell'altro per assicurarsi che il procedimento sia regolato da una legge che ritenga più favorevole la tutela degli interessi degli stessi.

Detto Regolamento si applica, in presenza di un conflitto di leggi, al divorzio e alla separazione personale.

Non si applica, tuttavia, alle materie della capacità giuridica delle persone fisiche; all'esistenza, la validità e il riconoscimento di un matrimonio; l'annullamento di un matrimonio; il nome dei coniugi; gli effetti patrimoniali del matrimonio; la responsabilità genitoriale; le obbligazioni alimentari; i trusts[83] o le successioni, anche laddove esse si presentino come questioni preliminari nell'ambito di un procedimento di divorzio o separazione personale.

La prassi applicativa evidenzia delle difficoltà che si frappongono, specialmente nel contesto di un procedimento di natura contenziosa, alla possibilità di addivenire ad un accordo tra i coniugi in ordine alla legge applicabile alla separazione personale o al divorzio – soprattutto quando la crisi è già in atto.

Pertanto, detto Regolamento permette ai coniugi di poter individuare con largo anticipo la legge applicabile ad un eventuale caso di patologia del loro rapporto (in modo di poter arrivare già preparati al momento della crisi).

---

83 *Trust*, è uno strumento giuridico di derivazione anglosassone il cui scopo di tutelare determinati beni che appartengono ad un determinato soggetto da eventuali aggressioni da parte di terzi che potrebbero derivare. In tal caso, la gestione dei beni trasferita in favore di un terzo soggetto – beneficiario.

L'Italia, ha ratificato la Convenzione dell'Aja del 1985 e pertanto solo alcune tipologie di trust sono ritenute legittime nel nostro ordinamento giuridico purché documentate per iscritto

In tale scenario, assume rilievo centrale la disciplina posta dall'art. 8 del regolamento, il quale, per le ipotesi di mancato accordo tra le parti, individua la legge regolatrice alla stregua di una sequenza di criteri oggettivi operanti secondo un concorso successivo.

Tra questi, un ruolo privilegiato viene accordato alla legge dello Stato di residenza abituale dei coniugi quale legge maggiormente idonea a soddisfare le esigenze di prossimità che permeano l'impianto del regolamento; ove invece i coniugi risiedano in Stati diversi, il criterio di collegamento è individuato nella legge dello Stato di localizzazione dell'ultima residenza abituale comune dei coniugi (volto a preferire la legge dello Stato dove gli stessi coniugi abbiano un legame particolare), alla duplice condizione che non sia trascorso più di un anno dal momento in cui questa è cessata e che uno dei coniugi continui a risiedervi (rispettivamente lett. *a*) e lett. *b*)).

In via subordinata, la disposizione richiama la legge di comune cittadinanza dei coniugi (lett. *c*) e, in ultima istanza, la *lex fori* (lett. *d*).

* * *

Così, infatti, il citato Regolamento CE 1259 ha comportato forti modifiche nell'applicazione con la cooperazione rafforzata.

All'uopo, un esempio di applicazione è la sentenza pronunciata dal Tribunale di Treviso in data 20 settembre 2016.

In particolare, si tratta di una coppia di coniugi stranieri – entrambi di nazionalità moldava – inserita stabilmente nella realtà sociale italiana.

In questo caso, però, il procedimento ha natura contenziosa: l'istanza di divorzio viene presentata dalla moglie invocando espressamente nel ricorso introduttivo il Codice della Famiglia moldavo, il quale consente ai coniugi di ottenere lo scioglimento del vincolo coniugale senza previa separazione.

Costituitosi in giudizio, il marito non contesta l'applicazione della legge moldava né si oppone alla domanda di divorzio, limitandosi a chiedere il rigetto della domanda di addebito formulata dalla moglie.

Sebbene, all'inizio l'applicabilità della legge moldava viene revocata in dubbio dal Tribunale, non risultando in tal senso alcun accordo tra i coniugi, successivamente ai fini dell'individuazione della legge applicabile, il

Tribunale ritiene attestata in modo univoco dagli scritti difensivi delle parti la volontà comune di assoggettare la regolazione del divorzio alla propria legge nazionale comune: la moglie, infatti, nella formulazione del ricorso di divorzio aveva espressamente invocato il Codice della famiglia moldavo e, a sua volta, il marito non solo non si era opposto al divorzio, ma aveva altresì chiesto il rigetto della domanda di addebito del divorzio, non essendo tale istituto contemplato nell'ordinamento moldavo.

Ne consegue che il Tribunale ritiene di poter ricavare in modo inequivocabile il comune intendimento delle parti di vedere applicata la comune legge nazionale indicata (in virtù di quanto testualmente disposto dall'art. 5, par. 1, del regolamento Roma III che alla lett. *c*), richiamandosi ad un principio consolidato nella prassi applicativa, quello cioè secondo il quale non è necessario ai fini del perfezionamento dell'*optio legis* che le dichiarazioni dei coniugi siano contestuali e raccolte in un unico documento).

* * *

Ancora. Un altro esempio di pratica applicazione dell'art. 5 del regolamento (UE) n. 1259/2010 – riguardante il profilo riguardante le modalità e i tempi di manifestazione della scelta.

Tra queste, merita considerazione quella emessa dal Tribunale di Belluno il 27 ottobre 2016 che si è occupato del caso di una coppia di cittadini albanesi, trasferitisi in Italia dopo essersi sposati in patria.

Di comune accordo, i coniugi chiedono lo scioglimento del matrimonio senza previa separazione, così come consentito dalla legge albanese espressamente invocata nel ricorso introduttivo.

Dopo aver verificato positivamente la sussistenza della giurisdizione italiana in base all'art. 3, par. 1, lett. *a)* del regolamento Bruxelles II-*bis* (residenza abituale dei coniugi), il Tribunale ritiene applicabile l'art. 5, par. 1, lett. *c)* del regolamento Roma III e ciò a dispetto del fatto che la legge albanese sia invocata dalle parti "nella convinzione dell'operatività dell'art. 31, 1° comma, l. 31 maggio 1995 n. 218".

Al riguardo, il Tribunale rileva come l'accordo si perfezioni con la designazione della medesima legge da parte dei coniugi *"indipendentemente dalle ragioni di tale concorde indicazione"*, ossia, nella fattispecie dedotta in giudizio, a prescindere dal fatto che la legge albanese sia invocata dalle parti sulla base di un erroneo convincimento, ritenendo pertanto sufficiente la concorde indicazione ad opera dei coniugi del Codice della famiglia della Repubblica albanese.

Quanto ai requisiti temporali, la designazione della legge albanese risulta effettuata in termini univoci sin dal ricorso introduttivo del giudizio, in linea con l'art. 5, par. 2, del regolamento, che fissa al momento in cui è adita l'autorità il termine ultimo entro il quale le parti possono concludere l'accordo, salvo il temperamento di cui al par. 3, per cui l'*optio legis* può essere esercitata in corso di causa se la legge del foro lo consente.

Quanto invece ai requisiti formali, il Tribunale reputa l'espresso richiamo alla legge albanese, operato nel ricorso congiuntamente sottoscritto dai coniugi senz'altro idoneo a soddisfare le forme minime richieste dall'art. 7, par. 1, rilevando come in proposito l'Italia non abbia ritenuto necessario prevedere requisiti di forma più rigorosi.

Infatti, il Tribunale osserva come *"dall'esame degli atti del procedimento emerge in modo chiaro e preciso come le parti abbiano formulato l'indicazione della legge albanese sul presupposto della possibilità di ottenere l'immediato scioglimento del matrimonio, senza la preventiva separazione personale, diversamente da quanto richiesto dalla legge italiana"*, la cui applicazione, ove non si ritenesse validamente formato l'accordo fra le parti, discenderebbe dall'art. 8, lett. *a)*, del regolamento (più precisamente, dall'art. 8, lett. *a)*, che prevede la legge della residenza comune dei coniugi al primo posto di un'articolata sequenza di criteri).

Ai fini delle difficoltà derivanti dalla legge applicabile risulta altresì emblematico il caso di una pronuncia emessa dal Tribunale di Modena in data 26 gennaio 2016.
In particolare, l'istanza di separazione viene presentata da una cittadina marocchina, unita in matrimonio ad un proprio connazionale, la quale allega l'irreparabile deterioramento del rapporto coniugale a fronte dell'abbandono da parte del marito della casa familiare e del suo ritorno in patria, al quale era poi seguita la

totale interruzione di qualsiasi forma di comunicazione anche nei confronti della figlia minore della coppia.

Oltre alla domanda di separazione, la donna agisce in giudizio per ottenere l'affidamento della figlia minore e la corresponsione a favore di quest'ultima da parte del marito di un assegno di mantenimento.

Il marito, non costituitosi in giudizio sebbene ritualmente citato, viene dichiarato contumace dopo aver verificato positivamente la sussistenza della giurisdizione italiana alla stregua del criterio indicato dall'art. 3, par. 1, lett. *a*), secondo trattino, del regolamento Bruxelles II-*bis* ossia l'ultima residenza abituale dei coniugi, se uno di essi vi risiede ancora.

Il Tribunale individua correttamente il parametro normativo di riferimento nell'art. 8 del regolamento (UE) n. 1259/2010, escludendo di conseguenza l'applicazione della disciplina di diritto interno di cui all'art. 31 della legge n. 218/1995, la cui portata risulta ormai circoscritta ai soli procedimenti avviati prima della data di applicazione del regolamento, ossia prima del 21 giugno 2012 (data a partire dalla quale si comincia ad applicare il Regolamento 1259/2010)

I criteri di collegamento oggettivi previsti dalla disciplina uniforme vengono rapidamente passati in rassegna dal Tribunale per scartarne, in sequenza, l'applicazione: in mancanza di una residenza abituale comune, e dovendosi parimenti escludere l'applicazione del criterio dell'ultima residenza abituale comune – essendo trascorso oltre un anno dal trasferimento all'estero del marito – il Tribunale ritiene di non poter applicare nemmeno il criterio della comune cittadinanza dei coniugi: ciò in quanto il diritto privato marocchino non contempla l'istituto della separazione personale che costituisce l'oggetto specifico della domanda formulata in giudizio dalla ricorrente.

Il Tribunale ritiene di ripiegare, pertanto, sull'applicazione della *lex fori*, che, come già ricordato, nella gerarchia dei criteri individuata dall'art. 8 si colloca all'ultimo posto lett d).

* * *

Prima che in Italia, fosse introdotta una regolamentazione univoca sulle unioni di fatto nonché sulle unioni civili tra persone dello stesso sesso, la maggior parte dei Paesi europei vi aveva già provveduto – ricordando i seguenti esempi:

- la *Francia* fin dal 1999 ha approvato la legge sui Pacs (Patto Civile di Solidarietà);
- la *Germania* dal 2001 riconosce l'unione di fatto anche tra omosessuali, con una dichiarazione davanti all'Ufficiale di Stato del Comune;
- l'*Olanda* dal 1998 ha riconosciuto le unioni di fatto e dal 2001 il matrimonio tra omosessuali;
- in *Belgio* dal 2003 esiste un'unica legge sui matrimoni etero e omosessuali;
- in *Spagna* dal 2005 è stata approvata la legge sui matrimoni omosessuali;
- in *Portogallo* il matrimonio omosessuale è entrato in vigore nel 2010;
- in *Islanda* dal 2010 è stato riconosciuto il diritto a contrarre matrimonio anche per gli omosessuali;
- in *Gran Bretagna* nel dicembre del 2005 è entrato in vigore il "Civil Partnership Act".

Nel tempo, per come già esposto largamente nel corso del presente scritto, i principi delle normative internazionale citate nonché i principi giurisprudenziali che pian piano prendevano il posto applicativo anche ne sistema giuridico italiano, hanno portato e innovazioni normative con l'introduzione dei nuovi istituti disciplinandoli anche un punto di vista formale giuridico.

Pertanto, nel frattempo, in Europa sono aumentati i Paesi che hanno visto riconoscere il matrimonio tra persone dello stesso sesso legalmente e dove altresì viene realizzato: Austria, Belgio, Danimarca, Finlandia, Francia, Germania, Islanda, Irlanda, Lussemburgo, Malta, Paesi Bassi, Norvegia, Portogallo, Spagna, Svezia e Regno Unito. A questi si aggiungono altri 11 paesi i quali riconoscono una qualche forma di unione civile, vale a dire Andorra, Croazia, Cipro, Repubblica Ceca, Estonia, Grecia, Ungheria, Italia, Liechtenstein, Slovenia e Svizzera.

San Marino consente l'immigrazione e la convivenza del partner di un suo cittadino, mentre la Polonia consente la coabitazione seppur con effetti molto limitati.

Armenia ed Estonia riconoscono i matrimoni omosessuali celebrati all'estero in qualsiasi giurisdizione ove questi siano consentiti; la Slovacchia riconosce i matrimoni tra persone dello stesso sesso svolti all'interno dell'Unione europea e comprendenti almeno un cittadino

UE. Tra i paesi che riconoscono ed eseguono i matrimoni omosessuali alcuni di essi continuano a consentire alle coppie anche la possibilità di entrare in un'unione civile, ad esempio i paesi del Benelux[84], la Francia e il Regno Unito; considerando che la Germania, l'Irlanda e i paesi nordici hanno chiuso la loro legislazione sull'unione civile pre-matrimoniale pur facendo in modo che le unioni già esistenti possano rimanere valide a tutti gli effetti, ma non essendone possibili di nuove.

Diversi paesi europei infine non riconoscono alcuna forma di unione tra coppie di persone dello stesso sesso. Il matrimonio viene definito in forma esclusiva come un'unione tra uomo e donna nella *carte costituzionali* di Armenia, Bielorussia, Bulgaria, Croazia, Georgia, Ungheria, Lettonia, Lituania, Moldavia, Montenegro, Polonia, Serbia, Slovacchia e Ucraina.

* * *

Ai fini del riconoscimento di un istituto giuridico che sia diverso da un Paese ad un

---

84 *Benelux*, espressione utilizzata sin dai tempi della costituzione della CEE per indicare Belgio (Be), Olanda (Ne), Lussemburgo Lux).

altro – vedi ad esempio l'istituto pure del matrimonio *same sex* – si presenta la problematica di procedere alla <u>trascrizione negli appositi registri</u>.

Diverse pronunce affrontano in particolare il profilo della mancata trascrizione nei registri dello stato civile italiano del matrimonio celebrato all'estero (rispetto al quale trovano applicazione le disposizioni dell'Ordinamento dello stato civile contenute nel D.P.R. 3 novembre 2000, n. 396), escludendo che ciò costituisca una condizione ostativa rispetto alla statuizione sul vincolo da parte delle corti italiane, in linea con il principio, affermato a più riprese dalla giurisprudenza di legittimità, che attribuisce alla trascrizione del matrimonio nell'ordinamento italiano un'efficacia non già costitutiva, ma meramente dichiarativa (cfr. Cassazione civ., Sez. Unite, con pronuncia del 28 ottobre 1985, n. 5292).

Dovrà nondimeno accertarsi, in applicazione dell'art. 28 della legge n. 218/1995, il rispetto dei requisiti di forma richiesti, alternativamente, dalla legge del luogo di celebrazione del matrimonio, dalla legge nazionale di almeno uno dei coniugi ovvero dalla legge dello Stato di comune residenza dei coniugi al momento della celebrazione del matrimonio: sul punto, vedere tra le numerose pronunce, Trib. Parma, 2 gennaio 2017; Trib. Roma, 19 maggio 2017.

* * *

La sentenza emessa dal Tribunale di Belluno in data 13 giugno 2017 si segnala per aver compiuto un appropriato inquadramento dell'istituto dell'addebito.

Nel caso indicato, la richiesta di <u>separazione con addebito</u> viene formulata in giudizio da una cittadina di nazionalità albanese nei confronti del marito, anch'egli di nazionalità albanese.

Sul punto, il Tribunale osserva come la richiesta di addebito, pur costituendo una domanda autonoma e eventuale, *"risulti inscindibilmente connessa alla domanda di separazione personale, tanto da non poter essere proposta in un diverso giudizio"*.

Sulla base di tale rilievo, il Tribunale esclude che la richiesta di addebito possa essere assoggettata – come in effetti parte della giurisprudenza ritiene – ad una disciplina diversa da quella prevista rispettivamente dai regolamenti Bruxelles II-*bis* e Roma III.

Anche in questo caso, il marito è rimasto contumace e non risulta agli atti un preventivo accordo tra le parti in merito alla legge applicabile (con conseguente applicazione dell'art. 8, lett. *b*), del regolamento in ultimo richiamato) dovendosi individuare in Italia il luogo dell'ultima residenza abituale dei coniugi nell' ultimo anno che precede l'introduzione del giudizio.

Il Tribunale giunge così a pronunciare la separazione personale tra i coniugi sulla base della legge italiana.

Tra le altre pronunce che hanno respinto la richiesta di addebito, cfr. Trib. Roma, 17 marzo 2017 (separazione tra una cittadina peruviana nei confronti del marito italiano); Trib. Roma, 21 aprile 2017 (separazione tra un cittadino italo-brasiliano nei confronti della moglie di nazionalità statunitense); Trib. Roma, 20 gennaio 2017 (separazione tra due coniugi peruviani).

* * *

Sull'<u>assegnazione della casa famigliare</u> vi è dimostrazione di come la prassi interna non sia sempre rigorosa nell'applicazione delle norme di diritto internazionale privato di matrice europea.

Può, notarsi, come alcune pronunce applichino la legge italiana alla questione relativa all'assegnazione della casa familiare senza dare conto delle norme di conflitto rilevanti nel caso di specie: la tendenza in questo caso sembrerebbe quella di considerare il provvedimento come misura di protezione del minore, in quanto tale riconducibile, *ratione temporis*, alla Convenzione dell'Aja del 1961 sulla competenza delle autorità e sulla legge applicabile in materia di protezione dei minori, cui all'articolo 42 della legge n. 218/1995 rinvia "in ogni caso" (in linea di principio con le pronunce del Tribunale di Roma, 26 gennaio 2016 nonché Trib. Roma, 17 marzo 2017).

Richiamando, invece, la normativa italiana, l'art. 337- *sexies*, cod. civ., introdotto dal decreto legislativo del 28 dicembre 2013, n. 154, espone *"il godimento della casa familiare è attribuito tenendo prioritariamente conto dell'interesse dei figli"*.

La Convenzione dell'Aja del 1996 sulla competenza della legge applicabile, il riconoscimento, l'esecuzione e la cooperazione in materia di responsabilità genitoriale e di misure di protezione dei minori, ratificata ed eseguita dall'Italia con la legge 18 giugno

2015, n. 101, trova applicazione solo con riferimento alle controversie instaurate a decorrere dal 1° gennaio 2016.

* * *

Sono molteplici le sentenze che, analogamente, hanno pronunciato la <u>separazione personale e il divorzio tra i coniugi</u> sulla base della legge italiana quale legge dello Stato di residenza abituale dei coniugi oppure quale legge dell'ultima residenza abituale della coppia, come previsto dall'art. 8 del regolamento, rispettivamente lettera *a*) e lett. *b*).

Anche utilizzando, sempre in materia di separazione e divorzio, il principio di cui alla legge italiana – applicando l'art. 8, lett.*a*) del regolamento Roma III, di seguito alcune delle pronunce in tal senso: Trib. Roma, 26 gennaio 2016, n. 1584 (separazione tra coniugi di nazionalità straniera, non specificata); Trib. Roma, 1° giugno 2016 (separazione tra coniugi di nazionalità filippina); Trib. Roma, 28 giugno 2016 (separazione tra un cittadino colombiano nei confronti della moglie ecuadoriana); Trib. Roma, 5 agosto 2016 (separazione tra una cittadina italiana e un cittadino egiziano); Trib.

Roma, 8 agosto 2016 (istanza di separazione avanzata in giudizio da un cittadino italo tunisino nei confronti della moglie rumena, Trib. Roma, 16 giugno 2017 (divorzio tra una cittadina peruviana e un cittadino italiano).

Mentre, pronunciandosi in materia di separazione e sempre in applicazione della legge italiana, avendo riguardo però all'ultima residenza abituale dei coniugi - come previsto dall'art. 8, lett. *b*), del regolamento: Roma III, Trib. Aosta, 10 luglio 2017 (istanza di separazione presentata dal marito italo-marocchino nei confronti della moglie marocchina); Trib. Roma, 17 marzo 2017 (separazione tra una cittadina peruviana e un cittadino italiano); Trib. Roma, 21 aprile 2017 (separazione tra un cittadino italo-brasiliano e una cittadina di nazionalità statunitense).

2. Sul riconoscimento delle sentenze canoniche di nullità del matrimonio concordatario

Con riferimento alle sentenze canoniche di nullità del matrimonio concordatario, si richiamano gli artt 64 e 65 della L. 218 unitamente con l'art 2 della medesima legge che prevedono il non pregiudizio delle convenzioni internazionali tra l'Italia e altri Stati considerando il carattere dell'internazionalità e la necessità di un'applicazione uniforme.

Infatti, l'accordo stipulato tra lo Stato Italiano nel 1984 e la Santa Sede[85] ha valore di trattato internazionale.

---

85 *Santa Sede*, si tratta della suprema istituzione della Chiesa cattolica, composta dal Pontefice e da un insieme di tribunali, uffici e congregazioni per mezzo dei quali il Papa guida la Chiesa.
Di solito gli accordi stipulati dalla Santa Sede sono chiamati *"concordati"* ed hanno la natura di trattati bilaterali negoziati dai plenipotenziari e ratificati da entrambi i contraenti.
Tali accordi di solito hanno ad oggetto la disciplina dell'esercizio del culto cattolico e dell'attività del clero nei rispettivi Paesi.
Pertanto, alla luce dell'attività che la Santa Sede pone in essere a livello internazionale, non è possibile escluderne la qualità di soggetto di diritto internazionale.
La soggettività internazionale della Santa Sede dipenda dal fatto che quest'ultima costituisce l'insieme degli organi di governo della Chiesa cattolica e dello Stato di Città del Vaticano e che esercita con effettività.
Tuttavia, l'attività internazionale della Santa Sede non si estende a tutti i rapporti, dovendo infatti escluderne alcuni (come in caso di guerra e di neutralità).
Infatti, in alcuni casi la Santa Sede viene sostituita dalla Città del Vaticano.

In particolare, l'art 8 di questo Accordo – poi ratificato con legge del 1985 – dispone espressamente *"le sentenze di nullità del matrimonio pronunciate dai tribunali ecclesiastici, che siano munite del decreto di esecuzione del superiore organo ecclesiastico di controllo sono, su domanda delle parti o di una di esse , dichiarate efficaci nella Repubblica italiana con sentenza della Corte d'Appello competente"*.

In virtù di quanto appena esposto, le sentenze emanate dal Tribunale Ecclesiastico non rientrano nel disposto di cui agli articoli richiamati (artt 64 e 65 della L. 218), quindi sono escluse dal riconoscimento automatico previsto dalle norme del DIP – richiedendo, invece, il necessario procedimento di delibazione secondo l'ordinamento giuridico italiano.

L'Accordo di revisione del Concordato dell'11 febbraio 1929 con la Santa Sede, stipulato a Roma il 18 febbraio 1984 e reso esecutivo con legge 25 marzo 1985 n. 121, unitamente al Protocollo addizionale, pur confermando la giurisdizione ecclesiastica sulle controversie in materia di nullità del matrimonio celebrato secondo le norme del diritto canonico, non ripropone la "riserva" di tale giurisdizione, prevista dall'art. 34 del Concordato, né recepisce il matrimonio religioso nella sua sacramentalità, e, comunque, non gli accorda dignità superiore rispetto a quello civile.

Tale "riserva", pertanto, deve ritenersi abrogata, ai sensi dell'art. 13 dell'Accordo medesimo, di modo che, per le cause inerenti alla nullità del matrimonio concordatario, sussistono tanto la giurisdizione italiana, quanto la giurisdizione ecclesiastica, le quali concorrono in base al criterio della prevenzione con la conseguenziale affermazione della giurisdizione del giudice italiano ove risulti preventivamente adito (principio affermato dalla Cassazione civile, Sezioni Unite, n. 1824 del 13 febbraio 1993)

Il predetto indirizzo delle SS.UU. è stato ribadito (oltre che dalle sentenze della Cass. civ. sezione I nn. 12867 del 19 novembre 1999 e 12671 del 16 novembre 1999) anche da Cass. civ. 18 aprile 1997 n. 3345 secondo cui al venir meno della riserva di giurisdizione consegue che il giudice italiano preventivamente adito, può giudicare sulla domanda di nullità di un matrimonio concordatario.

Aggiunge, inoltre, che il convenuto in una causa di divorzio possa chiedere l'accertamento della nullità del vincolo, nonché , contenendo in sé una tale sentenza di divorzio, una implicita valutazione della validità del vincolo, nei limiti di un accertamento incidentale ed ai soli fini del decidere, una eventuale sentenza ecclesiastica di nullità, pur rendendosi delibabile, non travolga più la sentenza di divorzio.

Con la sentenza n. 4202 del 23 marzo 2001 è stato ricostruito, con maggiore coerenza, il rapporto fra sentenza di divorzio e sentenza di delibazione della sentenza ecclesiastica di annullamento del matrimonio.

Di regola – afferma la citata pronuncia n. 4202/2001 – la esistenza e la validità del matrimonio costituiscono un presupposto della sentenza di divorzio.

Per questa ragione la sentenza di divorzio – che ha *causa petendi*[86] e *petitum*[87] diversi da

---

86 *Causa petendi*, espressione con cui si indicano i fatti e gli elementi di diritto sui quali si fonda la domanda e, quindi, l'azione giudiziale.

87 *Petitum*, si indica l'oggetto della domanda giudiziale. Causa petendi e petitum sono gli elementi principali

quelli della sentenza di nullità del matrimonio - ove nel relativo giudizio non si sia espressamente statuito in ordine alla validità del matrimonio, non impedisce la delibabilità della sentenza dei Tribunali ecclesiastici che abbia dichiarato la nullità del matrimonio concordatario, in coerenza con gli impegni concordatari assunti dallo Stato italiano e nei limiti di essi.

Con riferimento, invece, ai capi della sentenza di divorzio che contengano statuizioni di ordine economico, si applica la regola generale secondo la quale, una volta accertata in un giudizio fra le parti la spettanza di un determinato diritto, con sentenza passata in giudicato, tale spettanza non può essere rimessa in discussione – al di fuori degli eccezionali e tassativi casi di revocazione previsti dall'art. 395 c.p.c., non dedotti nella specie – fra le stesse parti, in altro processo, in forza degli effetti sostanziali del giudicato stabiliti dall'art. 2909 cod. civ.

Tale linea interpretativa è proseguita con le sentenze n. 4795 del 4 marzo 2005, n. 3186 dell'11 febbraio 2008 e n. 12989 del 24 luglio

del diritto sostanziale. Entrambi, si identificano nel bene che si intende tutelare e nel diritto in base al quale la tutela è richiesta.

2012 le quali hanno ribadito che la sentenza di divorzio ha *causa petendi* e *petitum* diversi da quelli della domanda di nullità del matrimonio concordatario, investendo il matrimonio-rapporto e non l'atto con il quale è stato costituito il vincolo tra i coniugi.

Con successiva sentenza di questa Corte (Cass. Civ. sezione I, n. 12671 del 16 novembre 1999, già citata in precedenza) è stato ribadito che deve essere condivisa l'affermazione delle Sezioni Unite relativa alla abrogazione della riserva di giurisdizione ecclesiastica per una pluralità di ragioni.

Con il richiamo alla sentenza della Corte di Cassazione n. 11793 del 7 giugno 2005, emessa *inter partes*, si richiama altresì il peculiare carattere del giudicato prodotto dalla sentenza di divorzio che è destinato ad operare *rebus sic stantibus*[88].

Il percorso normativo e giurisprudenziale del rapporto tra le sentenze di diritto canonico di nullità del matrimonio, le sentenze di nullità e di divorzio espresse dai Tribunali civili, è stato riportato nella pronuncia della Corte di

---

88 *Rebus sic stantibus*, locuzione latina utilizzata per intendere "stando così le cose" ossia un accordo concluso in base alla situazione di fatto del momento.

Cassazione – sezione civile, n. 21331 del 2013 – con cui la stessa ha statuito in ordine ad un giudizio svoltosi presso la Corte di Appello di Napoli che aveva ritenuto fondata l'impostazione della sentenza di primo grado, in particolare rilevando quanto ribadito dalla giurisprudenza di legittimità dal 1993 in poi (cfr. SS.UU. n. 1824 del 13 febbraio 1993) e cioè che in seguito alla revisione del 1984 del Concordato fra Repubblica Italiana e Santa Sede, è venuta meno la riserva di giurisdizione in favore dei Tribunali ecclesiastici sulle cause di nullità dei matrimoni concordatari.

Pertanto il coniuge che sia parte in un giudizio di divorzio e che voglia far valere un vizio idoneo a determinare la nullità del matrimonio secondo il diritto canonico, al fine di ottenere che i rapporti patrimoniali con l'ex coniuge siano regolati dagli artt. 129 e 129 bis c.c., deve proporre la relativa domanda nel giudizio di divorzio perché altrimenti il capo della sentenza che regola i rapporti patrimoniali fra gli ex coniugi non potrà essere messo in discussione dalla sopravvenuta delibazione della sentenza ecclesiastica di nullità del matrimonio e, in particolare, la delibazione non potrà essere fatta valere come causa sopravvenuta di modifica delle statuizioni di carattere patrimoniale della sentenza di divorzio.

La sentenza n. 21331 del 2013 secondo la Corte Costituzionale non vi è un rapporto di gerarchia fra la pronuncia di nullità, secondo il diritto canonico, del matrimonio concordatario e la pronuncia di cessazione degli effetti civili dello stesso matrimonio nel senso che, anche se intervenuta successivamente al passaggio in giudicato della sentenza dichiarativa della cessazione degli effetti civili, la delibazione della sentenza di annullamento di un tribunale ecclesiastico del matrimonio concordatario dovrebbe comunque produrre l'effetto di porre nel nulla la sentenza passata in giudicato.

Ed è la Corte Costituzionale che con un suo pronunciamento a delineare un rapporto di parallelismo fra i due procedimenti che verrebbe a cadere se la sentenza di divorzio non fosse suscettibile di passare in giudicato perché soggetta alla caducazione per effetto della delibazione di una eventuale dichiarazione di nullità del matrimonio da parte del giudice ecclesiastico.

La *ratio* posta a fondamento dalla Corte Costituzionale nella pronuncia citata, è la sostanziale diversità fra i giudizi di nullità e quelli di divorzio sia nel diritto canonico che in quello civile italiano.

Infatti, i primi hanno ad oggetto l'accertamento di un difetto originario dell'atto di matrimonio, i secondi l'accertamento della impossibilità di mantenere o ricostituire la comunione morale e materiale fra i coniugi.

3. Sulla Convenzione di Bruxelles riguardo alla competenza giurisdizionale ed esecuzione in materia civile e commerciale e le successive modifiche e integrazioni

La Convenzione di Bruxelles del 1968 - concernente la competenza giurisdizionale e l'esecuzione delle decisioni in materia civile e commerciale - è stata dapprima sostituita dal Regolamento (CE) n. 44/2001 e successivamente dal Regolamento (UE) n.1215/2012, anche noto come Regolamento

"Bruxelles I bis"[89] - quest'ultimo in vigore dal gennaio 2015.

La Corte di Giustizia ha dichiarato che per stabilire se una controversia abbia o meno natura civile e commerciale vanno considerati due elementi: a) l'oggetto della controversia, b) la natura dei rapporti giuridici fra le parti in causa.

In particolare, ha escluso che possano rientrare nell'ambito di detta applicabilità della materia civile e commerciale, ad esempio, la controversia fra la pubblica amministrazione e un privato qualora la prima abbia agito nell'esercizio della sua potestà di imperio.

Ad esempio, nella sentenza *Eurocontrol* la Corte ha statuito che la causa promossa da una pubblica amministrazione, in base a un trattato internazionale, per il pagamento di contributi dovuti da un soggetto di diritto privato in ragione dell'uso dei suoi impianti e servizi non è di natura civile e commerciale qualora questo uso sia obbligatorio e i contributi siano stati stabiliti unilateralmente·

---

89 *Regolamento CE 1215/2012,* in vigore dal 10 gennaio del 2015 che si applica in materia civile e commerciale – indipendentemente dall'autorità giurisdizionale.

Al fine di consentire una più ampia circolazione degli atti giuridici e dell'organizzazione dei rapporti, l'art 26 della Convenzione di Bruxelles prevede chiaramente il riconoscimento automatico delle decisioni giudiziarie pronunciate da un giudice di uno Stato contraente.

Tali provvedimenti producono negli Stati contraenti della Convenzione effetti automatici – salvo il caso di contestazioni in cui, invece, saranno soggetti ad un procedimento di verifica chiamato di delibazione.

Il Regolamento si applica solo se il convenuto è domiciliato in uno Stato membro, in caso contrario la competenza delle autorità giurisdizionali di ciascuno Stato membro è disciplinata dalla legge di tale Stato, salva l'applicazione di specifiche discipline in materie riguardanti l'azione del consumatore (v. articolo 18), azione contro il datore di lavoro (confronta articolo 21) nonché altre competenze esclusive (di cui agli articoli 24 e 25 della medesima normativa).

Il Regolamento si applica alla materia civile e commerciale, inquadrandosi nel sistema di diritto internazionale privato comunitario, completato dai Regolamenti "Roma I" e "Roma

II", in materia, rispettivamente, di obbligazioni contrattuali ed extracontrattuali.

Alla <u>regola del domicilio del convenuto</u> sono poi apportate varie importanti deroghe con l'individuazione di fori facoltativi, alternativi ed esclusivi, anche attraverso regole specifiche per casi nei quali venga considerato necessario tutelare la parte debole del rapporto contrattuale.

Una volta individuato il Paese, per stabilire quale specifico giudice sia competente si farà riferimento alle disposizioni interne di detto Paese.

L'articolo 23 del Regolamento riconosce alle parti il diritto di pattuire deroghe al foro individuabile secondo le disposizioni sin qui esposte.ù

Materie escluse dall'applicabilità sono: la materia fiscale, la materia doganale e amministrativa, la responsabilità dello Stato per atti o omissioni nell'esercizio di pubblici poteri[90], lo stato e la capacità delle persone fisiche, il regime patrimoniale fra coniugi o

---

90 *Esercizio di pubblici poteri*, nella normativa definiti con l'espressione " *acta iure imperii*".

derivante da rapporti che secondo la legge applicabile a questi ultimi hanno effetti comparabili al matrimonio; i fallimenti, le procedure relative alla liquidazione di società o altre persone giuridiche che si trovino in stato di insolvenza, i concordati e le procedure affini; la sicurezza sociale; l'arbitrato; le obbligazioni alimentari derivanti da rapporti di famiglia, di parentela, di matrimonio o di affinità; i testamenti e le successioni, comprese le obbligazioni alimentari mortis causa.

Qualora la deroga del foro sia conclusa secondo le forme previste, essa attribuisce competenza esclusiva – salvo diverso accordo delle parti - al giudice od ai giudici indicati sulle controversie presenti e future nate dal rapporto giuridico cui si riferisce.

La giurisprudenza in vari Paesi ha, peraltro, riconosciuto che questa norma prevale sulle discipline dei singoli Stati membri che prevedono competenze esclusive per i propri giudici.

La giurisdizione sussiste inoltre in base ai criteri stabiliti dalle sezioni 2, 3 e 4 del titolo II della Convenzione concernente la competenza giurisdizionale e l'esecuzione delle decisioni in materia civile e commerciale e protocollo, firmati a Bruxelles il 27 settembre 1968, resi esecutivi con la legge 21 giugno 1971, n. 804, e successive modificazioni in vigore per l'Italia, anche allorché il convenuto non sia domiciliato nel territorio di uno Stato contraente, purché il caso abbia ad oggetto una delle materie comprese nel campo di applicazione della convenzione.

Il Regolamento "Bruxelles I bis" si applica in materia civile e commerciale, indipendentemente dalla natura dell'autorità giurisdizionale.

Il Regolamento conferma il generale criterio di cui all'art. 3 L. 218/1995, disponendo all'art. 4 (del Regolamento) che "*le persone domiciliate nel territorio di un determinato Stato membro sono convenute, a prescindere dalla loro cittadinanza, davanti alle autorità giurisdizionali di tale Stato membro*", con alcune eccezioni

Norma di particolare rilievo del Regolamento "Bruxelles I bis" è l'articolo 24 (relativo alle "competenze esclusive"), che dispone che indipendentemente dal domicilio delle parti, hanno competenza esclusiva le seguenti autorità giurisdizionali di uno Stato membro.

Il regolamento "Bruxelles I bis" generalizza, estendendola a tutte le decisioni giudiziarie in materia civile e commerciale, l'abolizione dell' "*exequatur*", vale a dire la soppressione di qualsiasi procedura necessaria affinché l'esecutività di una decisione resa in uno Stato membro dell'Unione Europea possa manifestarsi anche in altro Stato membro.

Il riconoscimento automatico delle decisioni giudiziarie emesse da uno Stato membro – statuito dal Regolamento CE 44/2001 che a sua volta richiama il contenuto di cui alla Convenzione di Bruxelles del 1968 – incontra il limite del contrasto con l'ordine pubblico, con il principi rispetto dei principi del contraddittorio, e del diritto di difesa, il limite della litispendenza internazionale, il passaggio in giudicato delle decisioni (come previsto dall'art 34 del Regolamento di cui sopra).

Il contenuto del regolamento (UE) 1215/2012 - in raffronto con i contenuti di cui alla Convenzione di Bruxelles prima e del regolamento (CE) n. 44/2001 – ha previsto espressamente che la decisione emessa dall'autorità giudiziaria di uno Stato UE è esecutiva e lo è altresì in tutti gli altri Stati membri senza che sia richiesta una dichiarazione di esecutività. Rispetto al passato, si tratta di una modifica di portata davvero notevole dal punto di vista pratico, riducendo tempi, costi e formalità da sostenere per dare esecuzione ad una decisione in uno Stato membro diverso da quello di origine – in quanto precedentemente con la Convenzione di Bruxelles del 1968 occorreva il procedimento di delibazione preventivo ai fini del riconoscimento dei provvedimenti stranieri in altro Stato Parte.

Da un punto di vista pratico operativo, al fine di dare immediatamente avvio all'esecuzione in un altro Stato membro, l'interessato legittimato ad avvalersi del nuovo Regolamento n. 1215, dovrà:

1) chiedere al giudice che ha emesso la decisione un attestato contenente la sintesi del provvedimento esecutivo ed altre informazioni, ad esempio sugli interessi applicabili e sulle spese processuali (l'attestato consiste nella compilazione del modulo contenuto nell'Allegato I al Regolamento medesimo);

2) notificare l'attestato al soggetto contro il quale l'esecuzione è richiesta.
Qualora non lo fosse già stata – dovrà essere notificata anche la decisione da eseguire (corredata dalla traduzione in una lingua

comprensibile al destinatario o in una delle lingue ufficiali dello Stato di esecuzione).

La notifica potrà riguardare inoltre anche gli atti che danno inizio all'esecuzione vera e propria, nel rispetto di quanto prevede la normativa dello Stato di esecuzione[91].

Detto Regolamento n. 1215 è applicabile ai procedimenti introdotti dopo il 10 gennaio 2015.

Inoltre, il Regolamento non è invece applicabile alle decisioni esecutive relative a procedimenti iniziati prima del 10 gennaio, quand'anche le sentenze siano state pronunciate successivamente a tale data; detti provvedimenti dovranno essere eseguiti in un altro Stato membro ai sensi del Regolamento 44/2001 Bruxelles I e, quindi, chiedendo la previa dichiarazione di esecutività all'autorità giudiziaria locale

L'interessato dovrà anche in questi casi farsi rilasciare l'attestato, come da Allegato II al nuovo Regolamento Bruxelles I bis, contenente una sintesi dell'obbligazione esecutiva registrata nell'atto pubblico o di quanto concordato fra le parti nella transazione

---

91 Con riferimento alla disciplina italiana, in Italia, ad esempio, si potrebbero notificare contestualmente la decisione, l'attestato e l'atto di precetto.

giudiziaria, che si intendono eseguire – secondo quanto già previsto dal Regolamento CE 44/2001 detto Bruxelles I.

4. Sulle notificazioni e comunicazione degli atti giudiziari ed extragiudiziali in materia civile e commerciale

A decorrere dal 13 novembre 2008 è entrato in vigore il regolamento CE n. 1393 del 13 novembre 2007 recante la nuova disciplina della notificazione e comunicazione degli atti giudiziari ed extragiudiziali in materia civile e commerciale.

Il nuovo testo normativo che abroga e sostituisce integralmente il precedente regolamento n. 1348/2000, nella sua *ratio* di fondo e nella sua impostazione generale riprende in gran parte la precedente disciplina apportando delle modifiche volte a rendere più snella e ad accelerare ulteriormente la notifica e l'inoltro dei documenti nonchè ad accrescere la certezza del diritto per i richiedenti e per i destinatari.

Quanto agli elementi di continuità tra la vecchia e la nuova normativa, è da rinvenirsi nell'ambito di applicazione: infatti, il vigente regolamento si applica alla materia civile e commerciale (escludendo espressamente la materia fiscale, doganale, amministrativa e la responsabilità dello Stato per gli *acta iure imperii*) in tutti i Paesi dell'Unione ad eccezione della Danimarca.

Tra le novità fondamentali della disciplina vigenti: è sancito l'obbligo di trasmettere l'atto unitamente ad un modulo standard, come da allegato al medesimo Regolamento (art. 4) da compilarsi nella lingua ufficiale dello Stato membro richiesto o, se quest'ultimo ha più lingue ufficiali, nella lingua o in una delle lingue ufficiali del luogo in cui l'atto deve essere notificato o comunicato; l'obbligo di effettuare in ogni caso la notificazione o la comunicazione degli atti secondo la legge dello Stato membro richiesto, oppure secondo una modalità richiesta dall'organo mittente (purché essa sia compatibile con la legge dello Stato membro) entro un mese dalla data in cui la domanda perviene all'organo ricevente (art 7).

L'ipotesi del rifiuto a ricevere l'atto notificato è altresì contemplato dalla normativa e può esser giustificato solo in due precise ipotesi:

a) qualora l'atto da notificare o comunicare non sia redatto o accompagnato da una traduzione in una lingua compresa dal destinatario; oppure

b) qualora non sia redatto o accompagnato da una traduzione nella lingua ufficiale o in una delle lingue ufficiali del luogo in cui deve essere eseguita di notificazione o di comunicazione.

Infine, con riferimento alla notifica e comunicazione tramite i servizi postali, l'art. 14 espressamente prevede che questa debba avvenire esclusivamente con lettera raccomandata con ricevuta di ritorno o formula equivalente, senza più consentire, come avveniva in passato, a ciascuno Stato di specificare le condizioni alle quali avrebbe accettato detta forma di trasmissione degli atti.

5. Sul titolo esecutivo europeo

Il Regolamento CE 85/2004 ha istituito il titolo esecutivo europeo per tutti gli Stati dell'Unione Europea al fine di agevolare la circolazione – anche sotto il profilo esecutivo – delle decisioni in materia civile e commerciale in forma ufficiale e in contraddittorio all'accertamento o riconoscimento di un credito.

Pertanto, in virtù dell'art 5 del Regolamento CE il titolo esecutivo europeo viene riconosciuto automaticamente – senza alcun precedente procedimento di verifica, come, invece, avveniva per il procedimento di delibazione, secondo la prima formulazione della Convenzione di Bruxelles del 1968.

Affinché si tratti di titolo esecutivo europeo deve contenere i requisiti di cui all'art 6 del Regolamento:

> ➢ il credito non deve essere contestato dal debitore, che la decisione sia esecutiva anche se non definitiva,

> ➢ il procedimento si sia svolto secondo requisti minimi prestabiliti come ad esempio la regolare costituzione del contraddittorio con spazi difensivi nei confronti del debitore.

La sussistenza di questi requisiti è attestata su un apposito modulo standard predisposto dal giudice che ha adottato il titolo esecutivo.

6. Sul riconoscimento delle sentenze arbitrali straniere

Stante l'intensificarsi di rapporti commerciali tra operatori di differenti nazionalità, si è sempre più sentita la necessità di individuare un organo terzo cui rivolgersi, scelto dalle parti che potesse risolvere con competenza, snellezza, minori costi e maggiore discrezione le controversie derivanti da una realtà economica in evoluzione e verso cui i giudici statali sembrano avere scarsa dimestichezza.

Premesso ciò, trova ingresso la legge n. 25 del 1994 con l' introduzione di un diverso sistema di riconoscimento ed esecuzione di atti giurisdizionali stranieri.

In tal modo è stata data attuazione alla Convenzione di New York del 1958 sulle sentenze arbitrali – ratificata dall'Italia.

In particolare, tale convenzione impone agli Stati aderenti di non prevedere, in materia di riconoscimento ed esecuzione delle sentenze arbitrali alle quali la stessa si applichi, condizioni più rigorose di quelle previste per le sentenze arbitrali nazionali.

Secondo questo nuovo procedimento di riconoscimento, il provvedimento che dichiara l'efficacia dello stesso viene emesso *inaudita altera parte*[92], previa verifica, da parte del Tribunale in composizione monocratica, delle condizioni richieste dall'art 839 cpc[93]. Il soggetto che voglia proporre opposizione ai

92 "Inaudita altera parte" ossia non udita   altra parte.
93 Art 839 cod proc civ, dal titolo "Riconoscimento ed esecuzione dei lodi stranieri": "Chi vuol far valere nella Repubblica un lodo straniero deve proporre ricorso al presidente della corte d'appello nella cui circoscrizione risiede l'altra parte; se tale parte non risiede in Italia e' competente la corte d'appello di Roma.
Il ricorrente deve produrre il lodo in originale o in copia conforme, insieme con l'atto di compromesso, o documento equipollente, in originale o in copia conforme. Qualora i documenti di cui al secondo comma non siano redatti in lingua italiana la parte istante deve altresi' produrne una traduzione certificata conforme." .
Pertanto, il codice processuale civile, dopo aver indicato il percorso suddetto, prosegue aggiungendo che "Il presidente della corte d'appello, accertata la regolarita' formale del lodo, dichiara con decreto l'efficacia del lodo straniero nella Repubblica", salvo i seguenti casi "1) la controversia non potesse formare oggetto di compromesso secondo la legge italiana; 2) il lodo contenga disposizioni contrarie all'ordine pubblico."

sensi delle motivazioni di cui all'art 840 cpc[94] potrà proporre tale impugnativa innanzi alla Corte d'Appello.

---

94 Art 840 cod proc civ., dal titolo "Opposizione" espone: "Contro il decreto che accorda o nega l'efficacia del lodo straniero e' ammessa opposizione da proporsi con citazione dinanzi alla corte d'appello entro trenta giorni dalla comunicazione, nel caso di decreto che nega l'efficacia, ovvero dalla notificazione nel caso di decreto che l'accorda."
Costituiscono motivi di rifiuto del riconoscimento o l'esecuzione del lodo straniero da parte della corte d'appello, se nel giudizio di opposizione la parte contro la quale il lodo e' invocato, prova l'esistenza di una delle seguenti circostanze: "1) le parti della convenzione arbitrale erano incapaci in base alla legge ad esse applicabile oppure la convenzione arbitrale non era valida secondo la legge alla quale le parti l'hanno sottoposta o, in mancanza di indicazione a tale proposito, secondo la legge dello Stato in cui il lodo e' stato pronunciato; 2) la parte nei cui confronti il lodo e' invocato non e' stata informata della designazione dell'arbitro o del procedimento arbitrale o comunque e' stata nell'impossibilita' di far valere la propria difesa nel procedimento stesso; 3) il lodo ha pronunciato su una controversia non contemplata nel compromesso o nella clausola compromissoria, oppure fuori dei limiti del compromesso o della clausola compromissoria; tuttavia, se le statuizioni del lodo che concernono questioni sottoposte ad arbitrato possono essere separate da quelle che riguardano questioni non

sottoposte ad arbitrato, le prime possono essere riconosciute e dichiarate esecutive; 4) la costituzione del collegio arbitrale o il procedimento arbitrale non sono stati conformi all'accordo delle parti o, in mancanza di tale accordo, alla legge del luogo di svolgimento dell'arbitrato; 5) il lodo non e' ancora divenuto vincolante per le parti o e' stato annullato o sospeso da un'autorita' competente dello Stato nel quale, o secondo la legge del quale, e' stato reso. Allorche' l'annullamento o la sospensione dell'efficacia del lodo straniero siano stati richiesti all'autorita' competente indicata nel numero 5) del terzo comma, la corte d'appello puo' sospendere il procedimento per il riconoscimento o l'esecuzione del lodo; su istanza della parte che ha richiesto l'esecuzione puo', in caso di sospensione, ordinare che l'altra parte presti idonea garanzia.

Il riconoscimento o l'esecuzione del lodo straniero sono altresi' rifiutati allorche' la corte d'appello accerta che: 1) la controversia non potesse formare oggetto di compromesso secondo la legge italiana; 2) il lodo contenga disposizioni contrarie all'ordine pubblico.

Sono in ogni caso salve le norme stabilite in convenzioni internazionali".

QUINTA PARTE

Sugli strumenti internazionali di composizione amichevole delle controversie interazionali

1. Sulle Alternative Dispute Resolution

La complessità delle normative nazionali e sovranazionali, materiali e di conflitto unitamente alle divergenze giuridiche tra Stati, contribuiscono a rendere più difficile l'accesso alla giustizia di tutti i soggetti che non dispongono di un significativo potere economico e contrattuale come i consumatori. Contribuiscono inoltre a disincentivare l'accesso alla giustizia ordinaria: l'aumento progressivo di questioni complesse dal punto di vista tecnico, ad esempio nell'ambito del commercio elettronico, che richiedono al soggetto decidente conoscenze non solo legate al diritto, nonché le divergenze di ordine linguistico, le quali aumentano i costi delle procedure internazionali, costituendo un ulteriore disincentivo per le parti ad introdurre controversie innanzi alle giurisdizioni ordinarie.

Per questi motivi, i soggetti economicamente più deboli rischiano di non avere modo di tutelare i propri diritti laddove coinvolti in controversie individuali transfrontaliere.

A fronte di ciò, si ricorda che, l'accesso alla giustizia è un diritto fondamentale previsto all'art. 6 della Convenzione Europea dei Diritti dell'Uomo mentre il diritto ad un ricorso effettivo è previsto dall'art. 47 della medesima CEDU.

Sia da parte dell'Unione Europea, sia andando oltre i confini unionali – seguendo un più ampio discorso a livello internazionale – numerosi sono gli strumenti di carattere internazionale messi a disposizione dalla normativa esistente volti a favorire le soluzioni amichevoli delle controversie.

In un sistema sempre più complesso da un punto di vista della legislazione copiosa di ogni singolo Stato nonché dei differenti sistemi che ciascuno può prevedere secondo il proprio ordinamento – occorre, infatti, che vi siano delle discipline che uniformino anche l'argomento della composizione delle controversie in sede non contenziosa.

Nella Mediazione Civile e Commerciale Internazionale è previsto l'intervento di un Mediatore Civile e Commerciale esperto in mediazione culturale e lingue straniere moderne, un professionista imparziale, che ha competenze linguistiche e culturali per portare le parti alla composizione della lite fuori di un'aula di tribunale, annullando le barriere culturali fra le parti stesse.

Le Istituzioni europee si sono quindi attivate nella creazione e nella promozione di strumenti atti a garantire una forma di risoluzione alle controversie di basso valore, tra cui quelle dei consumatori, in maniera rapida e poco costosa, con l'obiettivo di rafforzare la tutela dei diritti conferiti dall'UE e di potenziare così il mercato unico.

Di qui l'adozione delle procedure uniformi di cui al regolamento (CE) 861/2007 e al regolamento (CE) 1896/2006 nonché della direttiva 2009/22/CE del 23 aprile 2009 in materia di provvedimenti inibitori a tutela degli interessi dei consumatori.

Accanto agli strumenti di carattere giurisdizionale si sono diffuse ed hanno assunto negli anni un ruolo di sempre maggiore rilievo gli strumenti alternativi di risoluzione delle controversie, le cosiddette ADR (*alternative dispute resolution*), specie con riferimento alle liti sorte nell'ambito del commercio internazionale, nel cui contesto permane la convinzione degli operatori del mercato che vi sia una maggiore difficoltà di tutelare i propri diritti laddove la controparte risieda in un diverso Stato.

Varie organizzazioni internazionali si sono nel tempo dotate di regole procedurali e meccanismi volti a permettere, su base facoltativa, una soluzione delle controversie transfrontaliere di basso valore; tra queste organizzazioni si devono ricordare la Commissione delle Nazioni Unite per il Commercio Internazionale[95] e la Camera di Commercio Internazionale (ICC)[96].
Si possono citare, alcuni degli esempi che la disciplina internazionale mette a disposizione della Comunità:
a) il Regolamento Bruxelles II bis, articolo 46: meccanismo previsto per dare esecuzione agli accordi di mediazione;

---

95 *Commissione delle Nazioni Unite per il diritto Commerciale Internazionale*, in sigla UNCITRAL.
96 *Camera di Commercio Internazionale*, in sigla ICC

b) la Convenzione dell'Aia del 1980 che prima all' articolo 7, lett. c) prevede misure adottate dalle autorità centrali per assicurare la consegna volontaria del minore o agevolare la composizione amichevole; all'articolo 10, provvedimenti adeguati per ottenere la consegna volontaria del minore; all'articolo 16, le autorità competenti dello Stato membro in cui il minore è stato trasferito o trattenuto non possono deliberare sul merito dei diritti di affidamento.

c) la Convenzione dell'Aia del 1996 che all'articolo 31 introduce le misure delle autorità centrali idonee ad agevolare la conciliazione attraverso la mediazione; agli articoli 23 e 26 disciplina il riconoscimento ed esecuzione; all'articolo 16 prevede la legge applicabile consistente nella legge dello Stato di residenza abituale del minore; all'articolo 7 statuisce che lo Stato in cui il minore aveva la residenza abituale prima del trasferimento conserva la competenza ad adottare le misure di protezione del minore; mentre all' articolo 24 dispone il riconoscimento preventivo.

La diffusione delle ADR sul piano nazionale, internazionale e privato è stata favorita dai vantaggi garantiti dalle procedure in questione, che sono da ravvisarsi non solo nel basso costo, ma soprattutto nell'alto grado di flessibilità delle stesse, nel cui ambito gioca un ruolo fondamentale la volontà delle parti che possono, seppur con qualche limite, scegliere le norme applicabili, disporre dei propri diritti e decidere se accettare la soluzione proposta dall'entità deputata a risolvere la controversia.

Le ADR sono state prese già da tempo in considerazione anche a livello europeo nel contesto delle politiche volte al miglioramento dell'accesso alla giustizia, in particolare quale mezzo complementare o sostitutivo alle procedure giudiziali per la risoluzione di controversie che difficilmente altrimenti avrebbero modo di essere portate davanti alla giustizia ordinaria.

Obiettivo delle ADR è quello di accrescere la fiducia dei consumatori e delle loro controparti nel mercato interno, abbattendo alcune delle barriere, reali o psicologiche, che ancora oggi imprese, professionisti e consumatori trovano nell'accesso alla giustizia e che disincentivano gli stessi a ricorrere al commercio transfrontaliero.

Nell'Unione Europea, le ADR perdono infatti la connotazione di strumenti deflattivi del contenzioso ordinario, per assumere un significativo ruolo di meccanismi volti a permettere la soluzione rapida ed a basso costo di dispute potenzialmente caratterizzate da un alto tecnicismo, ma da un valore esiguo (cosiddetto *small claims*), nonché di mezzo idoneo a garantire ad ogni soggetto, ancorché economicamente debole, l'accesso ad una forma di giustizia – defatigando, quindi, i tribunali civili.

Le normative inerenti le ADR disciplinano anche le regole procedurali concernenti in particolare le modalità di introduzione del reclamo e l'instaurazione del contraddittorio, i costi e la loro ripartizione, le norme su cui si baseranno le decisioni (diritto od equità) e, soprattutto, il valore della decisione, ovvero se essa sarà vincolante, se per tutte le parti o solo per alcune; in quest'ultimo caso, le informazioni dovranno investire ulteriormente l'eventuale requisito acquisto dell'esecutività della decisione nonché le sanzioni per l'inadempimento e le modalità di ricorso per la parte non soddisfatta.

Proprio per andare incontro a queste esigenze, sono state predisposte delle Regole conciliative UNCITRAL sin dal 1980, per creare un sistema procedurale cui le parti possano volontariamente richiamarsi quando intendono disciplinare l'attività di un terzo che interviene per aiutarle a raggiungere una transazione.

La convinzione alla base del trattato è che l'istituzione di una norma-quadro per gli accordi internazionali risultanti da un metodo di risoluzione delle controversie non aggiudicativo, in cui un facilitatore, che non prende decisioni, ma conduce le parti a trovare una soluzione soddisfacente, spesso risolvendo problemi di comunicazione, possa contribuire allo sviluppo di armoniose relazioni economiche internazionali.

Nel corso della sessione di UNCITRAL, a giugno 2018, sono state approvate le bozze finali per una Convenzione sull'applicazione delle disposizioni in materia di mediazione, diventata la Convenzione di Singapore, del 7 agosto 2019 (Convenzione delle Nazioni Unite sugli accordi internazionali di transazione risultanti dalla mediazione).

Questa riconosce *«il valore per il commercio internazionale della mediazione come metodo per la risoluzione di controversie commerciali in cui le parti in lite chiedono a una terza persona o a terze persone di assisterle nel loro tentativo di risolvere la controversia in via amichevole»* e *«che la mediazione è sempre più utilizzata nella pratica commerciale internazionale e domestica come alternativa al contenzioso giudizi»*, permettendo di conservare i rapporti commerciali, e sollevando gli Stati dalle spese per l'amministrazione della giustizia.

2. Sulle ADR e le controversie dei consumatori

L'Unione europea ha riconosciuto da tempo l'importanza delle procedure di risoluzione alternativa ed extragiudiziale delle controversie anche con particolare riferimento alle controversie dei consumatori.

Le cosiddette ADR sono state infatti oggetto di vari atti comunitari, primo tra tutti, il Libro Verde del 1993 sull'accesso dei consumatori alla giustizia.

In seguito, sempre nell'ottica di accelerare e semplificare la composizione delle controversie transnazionali in materia commerciale soprattutto di piccola entità e riguardanti i consumatori, sono state emanate due raccomandazioni della Commissione concernenti i principi applicabili agli organi responsabili per la risoluzione extragiudiziale delle controversie in materia di consumo (98/257/CE) ed i principi applicabili agli organi extragiudiziali che partecipano alla risoluzione consensuale delle controversie in materia di consumo (2001/310/CE).

Le due raccomandazioni prevedono una serie di garanzie minime, come l'indipendenza e l'effettività che i singoli Stati membri devono rispettare nell'applicazione dei metodi ADR e nella istituzione delle entità ADR.

Accanto ai metodi di risoluzione giudiziale e stragiudiziale delle controversie, è stato infatti riconosciuto, il ruolo che, nella protezione del consumatore nell'ambito del commercio elettronico, è giocato dai metodi di prevenzione della conflittualità, tra cui assume rilievo, in primo luogo, la previsione di precisi obblighi di informativa precontrattuale nonché indicazioni di precise modalità di contatto e quindi anche informazioni sugli *steps* da effettuare al fine della conclusione del contratto, sui pagamenti e sulla proposizione dei reclami.

Il tema delle *Alternative Dispute Resolutions*, quali canali di composizione stragiudiziale delle liti, legato all'attività delle autorità dei settori della privacy, trasporti, telecomunicazioni, concorrenza, assicurazioni, energia e rifiuti... ha la sua base giuridica nella Direttiva consumatori 2013/11/UE.

La suddetta Direttiva 2013/11/EU del Parlamento e del Consiglio sulle ADR del 21 maggio 2013 sulla risoluzione alternativa delle controversie dei consumatori, che modifica il regolamento (CE) n. 2006/2004 e la direttiva 2009/22/CE (Direttiva sull'ADR per i consumatori), mira a che i "*consumatori traggano vantaggio dall'accesso a mezzi facili, efficaci, rapidi ed a basso costo per risolvere le controversie nazionali e transfrontaliere derivanti da contratti di vendita o di servizi, in modo da rafforzare la loro fiducia nel mercato. Tale accesso dovrebbe valere sia per le operazioni online che per quelle off line, soprattutto se i consumatori acquistano oltre confine*".

La materia consumeristica descritta, ha subito delle modifiche di recente con l'introduzione delle Direttive 770 e 771 del 2019 la prima concernente aspetti inerenti contratti di fornitura di contenuti e servizi digitali e la seconda aspetti riguardanti contratti di vendita (tra venditore e consumatore).

Si tratta di interventi che, nell'ambito della strategia per il mercato unico digitale, mirano a loro volta a garantite il giusto equilibrio tra il conseguimento di un elevato livello di protezione dei consumatori e la promozione della competitività delle imprese.

La nuova normativa fornisce una definizione di mercato *on line*, inteso come un servizio che utilizza un *software*, compresi siti web, parte di siti web o un'applicazione, gestito da o per conto del professionista, che permette ai consumatori di concludere contratti a distanza con altri professionisti o consumatori.

Tra le priorità poste dalle normative emesse, si prevede: che dovrà esservi maggiore trasparenza nelle transazioni *online*, in particolare per quanto riguarda l'utilizzo di recensioni online; la fissazione personalizzata dei prezzi sulla base di algoritmi o una migliore classificazione dei prodotti dovuta ai "posizionamenti a pagamento".; vi sarà il previsto obbligo per i mercati online di comunicare ai consumatori se, in una transazione, il professionista responsabile è il venditore e/o il mercato online stesso.

La direttiva richiede altresì maggior tutela dei consumatori rispetto ai servizi digitali "gratuiti", ad esempio l'archiviazione su *cloud*, i *social media* e gli account di posta elettronica, per i quali i consumatori non pagano un importo in denaro, ma forniscono dati personali; chiarimenti sul trattamento che gli Stati membri dovrebbero riservare alla commercializzazione ingannevole di prodotti; chiarimenti sulla libertà degli Stati membri di adottare provvedimenti per proteggere gli interessi legittimi dei consumatori rispetto a pratiche particolarmente aggressive o ingannevoli di commercializzazione o vendita nel quadro di vendite negoziate fuori dai locali commerciali.

Le predette normative citate, nel prevedere una maggiore tutela offerta in favore di consumatori che effettuino acquisti on line nonché misure più efficaci contro le pratiche commerciali sleali o ingannevoli nell'UE, è stato assegnato un tempo di 24 mesi agli Stati membri – attraverso normative interne - perché si adeguino e armonizzino anche semplificando i criteri utilizzati.

3. Sul procedimento europeo per le controversie di modesta entità

Il procedimento europeo inerente le controversie di modesta entità e l'ingiunzione europea di pagamento, rivestono un ruolo significativo nella promozione e nella tutela degli interessi del consumatore ai fini della semplificazione e della armonizzazione delle procedure in ambito unionale.

Con riferimento al regolamento (CE) 861/2007 sulle controversie di modesta entità si è rilevato come non sia pacifico che il suo utilizzo possa estendersi alle controversie che vertano tra soggetti non domiciliati entrambi in uno Stato europeo, permettendo così al consumatore di giovarsi del procedimento semplificato anche quando si avvalga della possibilità conferita dal rifuso regolamento Bruxelles I di convenire nel proprio Stato membro professionisti di Stati terzi.

Il procedimento europeo per le controversie di modesta entità consente di presentare un reclamo avverso un'altra impresa, un'organizzazione o un cliente.

Detto procedimento si applica alle controversie che abbiano un importo non superiore a 5000 euro (spese escluse) in qualsiasi paese dell'UE ad eccezione della Danimarca e, comunque, costituisce un'alternativa ai procedimenti nazionali.

La sentenza emessa al termine del procedimento è riconosciuta ed esecutiva negli altri paesi dell'UE e non è opponibile (a meno che non presenti incongruenze rispetto ad una sentenza esistente in un altro paese europeo tra le stesse parti).

La normativa ha previsto una modulistica da compilare scandendo i termini da osservare per le Parti interessate nella controversia e nel procedimento.

Le autorità competenti provvederanno ad applicare la decisione secondo la normativa nazionale.

Un Tribunale può rifiutarsi di eseguire la sentenza soltanto se incompatibile con una sentenza precedente e pronunciata sulla stessa materia.

Pertanto, la sentenza emessa a conclusione del procedimento di modesta entità, è esecutiva in tutti Paesi dell'UE (tranne la Danimarca).

4. Sul decreto ingiuntivo europeo

La procedura ingiuntiva permette al consumatore di godere del giudice del proprio domicilio solo alla luce della qualifica soggettiva di consumatore, senza che vengano in rilievo gli altri criteri previsti dal regolamento Bruxelles I, tra cui il criterio della direzione della attività.

Detto procedimento europeo d'ingiunzione di pagamento consente ai creditori di recuperare i crediti civili e commerciali non contestati secondo una procedura uniforme - introdotto dalla II regolamento (CE) n. 1896/2006 del Parlamento europeo e del Consiglio, del 12 dicembre 2006.

L'ingiunzione di pagamento europea è emessa dai tribunali, salvo in Ungheria, dove il procedimento è di competenza dei notai.

Per il ricorrente non vi è obbligo di comparire in Tribunale, le Istituzioni europee hanno messo a disposizione una modulistica standard nonché una piattaforma in cui il ricorrente medesimo dovrà inserire dati e documenti inerenti la controversia.

Anche questo procedimento è scandito da tempistiche precise e modulistica prevista dalla medesima normativa che lo ha disciplinato.

Nel caso in cui il convenuto presenti dichiarazione di opposizione, la modifica permette al ricorrente di scegliere di proseguire avvalendosi del procedimento europeo per le controversie di modesta entità, in modo da trattare ulteriormente la domanda.

L'istanza presentata, deve soddisfare i criteri per il procedimento per le controversie di modesta entità, nei limiti del possibile, pertanto rientrare nel campo di applicazione della materia civile e e commerciale.

Ai fini del chiarimento della materia civile e commerciale oggetto dei procedimenti di cui innanzi, la Corte ha precisato che non è di "natura civile e commerciale" la controversia fra la pubblica amministrazione e un privato qualora la prima abbia agito nell'esercizio della sua potestà d'imperio.

Nella fattispecie, la sentenza *Rüffer* - causa C-814/79, controversia in cui una delle due parti in causa era il *Netherlands* - la Corte ha dichiarato che l'azione promossa da una pubblica amministrazione contro un armatore per recuperare le spese sostenute per la rimozione di un relitto non rientra nella nozione di materia civile e commerciale.

Mentre nella sentenza *Frahuil/Assitalia* (causa C-265/02) la Corte ha affermato che l'azione proposta in forza di una surrogazione legale contro un importatore, debitore di dazi doganali, da parte del fideiussore che ha pagato tali dazi alle autorità doganali in esecuzione di un contratto fideiussorio con cui lo stesso si era impegnato nei confronti di dette autorità a garantire il pagamento dei dazi in questione da parte dello spedizioniere, che era stato inizialmente incaricato dal debitore principale di onorare il debito, dev'essere considerata compresa nella nozione di "materia civile e commerciale".

Il regolamento istitutivo dell'ingiunzione europea di pagamento si applica in tutti gli Stati membri che ne sono destinatari dal 12 dicembre 2008.

La notifica può avvenire a mezzo posta, qualora il convenuto è domiciliato nello Stato membro in cui debba conoscersi del merito della causa; la notifica avviene, invece, con mezzi elettronici attestata da conferma automatica della trasmissione, a condizione che il debitore abbia preventivamente accettato in modo esplicito questo metodo di notifica.

Se la notifica deve essere effettuata in un altro Stato membro, gli atti devono essere trasmessi a questo diverso Stato membro conformemente al regolamento CE 1393/2007 del Parlamento Europeo del Consiglio[97].

4.1 Sul riconoscimento delle ingiunzioni europee negli altri Stati membri

Un'ingiunzione europea di pagamento che diventa esecutiva nello Stato membro di origine – vale a dire nello Stato membro in cui è stata emessa – è parimenti esecutiva in qualunque altro Stato membro.

Non è necessario ottenere una dichiarazione di forza esecutiva (*exquature*) nello Stato membro di esecuzione.

Ciò, in virtù del principio generale del riconoscimento dei titoli stranieri emessi secondo le norme sopra richiamate.

Le autorità dello Stato membro di esecuzione non possono riesaminare le circostanze o le

___
97 Cfr. paragrafo sull'argomento in questo scritto.

procedure che hanno portato all'emissione dell'ingiunzione di pagamento tranne che nei casi previsti agli articoli 22 e 23 ossia:

a) qualora l'ingiunzione di pagamento è stata notificata senza prova di ricevimento da parte del convenuto, e , quindi

b) la notifica non è stata effettuata in tempo utile a consentirgli di presentare le proprie difese per ragioni a lui non imputabili;
c) il convenuto non ha avuto la possibilità di contestare il credito a causa di situazioni di forza maggiore o di circostanze eccezionali per ragioni a lui non imputabili (ad esempio se il convenuto fosse in vacanza, in viaggio di lavoro o casi simili);

d) inoltre, nel caso il decreto di ingiunzione sia stato emesso dal giudice del Paese di origine per un errore.
Nessun riesame di merito è consentito nello Stato membro di esecuzione.

5. Dalle ADR ... alle ODR

Con l'avanzare della tecnologia, sono stati anche adottati strumenti *on line* per la composizione amichevole delle controversie.

Per permettere agli utenti di comporre i propri contenziosi, l'Unione Europea si è dotata di una piattaforma per mezzo della quale la controversia viene affidata all'organismo competente.

Il Regolamento (UE) N. 524/2013[98] del Parlamento e del Consiglio del 21 maggio 2013 è relativo alla risoluzione delle controversie *online* dei consumatori, considerati come principali soggetti del mercato interno.

Disporre quindi di mezzi di facile utilizzo ed a basso costo per la risoluzione delle controversie ha il fine di aumentare la fiducia dei consumatori e dei professionisti nel "mercato unico digitale": questo è lo scopo che gli Stati membri si sono prefissati – anche se non sempre di facile attuazione nella pratica.

In ogni caso, il regolamento (UE) 524/2013, istituisce una piattaforma *on-line* avente lo scopo di facilitare la risoluzione stragiudiziale di controversie derivanti da operazioni commerciali concluse nell'ambito dell'*e-commerce*, avviate da consumatori residenti

---

98 *Regolamento (UE) 524/2013* - anche definito regolamento ODR.

nell'Unione nei confronti di professionisti anch'essi ivi stabiliti.

Funzione principale della direttiva precedente – poi modificata dal regolamento 524/2013 - è stata quella di andare a supplire dove vi fossero carenze di livello nazionale nonché standard qualitativi uniformi nei diversi Stati membri.

Sin dall'inizio degli anni Duemila, l'UE ha promosso ed incentivato iniziative volte alla creazione di piattaforme deputate alla risoluzione di controversie in via stragiudiziale e *on-line*, e ha parimenti supportato e finanziato alcuni progetti finalizzati al controllo di qualità dei siti web di *e-commerce*, oltre all'incoraggiamento degli *stakeholders*[99] nella elaborazione di regole di settore volte alla diffusione delle *best practices* commerciali.

La piattaforma *on line* istituita con il regolamento 524 del 2013 funge da punto d'accesso unico per le parti litiganti e funziona nel senso di raccogliere i reclami per poi trasmetterli alle entità ADR istituite o regolate ai sensi della direttiva.

---

99 *Stakeholders,* qualsiasi soggetto influente nei confronti di una iniziativa economica e verso il raggiungimento di un obiettivo aziendale, quale "titolare di fatto di interessi d'impresa"

Tuttavia, a volte le incertezze lasciate dalla normativa in esame, anche in relazione alla operatività e meccanismi delle ADR e ODR a livello transfrontaliero rischiano di andare a scapito degli obiettivi prefissati.

In primo luogo, occorre osservare, infatti, che la direttiva 2013/11/UE copre unicamente le controversie promosse dai consumatori nei confronti dei professionisti ovvero le controversie B2C[100].

Stante il carattere di armonizzazione minima della normativa, gli Stati mantengono la facoltà di prevedere l'estensione della disciplina anche alle controversie B2B[101].

Prendendo l'esempio della Francia, questa mantiene una pluralità di sistemi ADR differenti. Ad esempio per i servizi bancari, la somministrazione d'energia ed i servizi postali la legge stabilisce l'ADR esistente o di nuova

---

[100] *B2C,* sigla utilizzata per intendere *Business to Consumer,* con riferimento al settore della grande distribuzione e di prodotti di largo consumo che può avere anche milioni di clienti, qui invece – per intendere vendita al dettaglio in italiano.

[101] *B2B,* sigla utilizzata per intendere B*usiness to Business* con riguardo ai rapporti fra aziende. In questo caso è più probabile che si abbia a che fare con una clientela molto ridotta, a volte di qualche decine di clienti, però di grande rilievo in termini di fatturato.

creazione sia pagato dalla controparte del consumatore; per viaggi, telecomunicazioni, assicurazioni, vendite a domicilio le relative società hanno deciso di istituire un ADR comune, infine alcune ADR, ad esempio quelle che coprono le controversie con SNCF[102] o La Poste, sono il risultato di negoziati e di protocolli di collaborazione con le associazioni dei consumatori.

La direttiva ricomprende, così, nel proprio ambito di applicazione anche i contratti vertenti su contenuti digitali, così come definiti nella direttiva sui diritti del consumatore 2011/83/UE – non essendo rilevante il fatto che il contenuto digitale avvenga su supporto materiale.

Esaminando le normative di cui sopra – unitamente alla lettura del regolamento (UE) 1215/2012 - appare evidente come ai consumatori che abbiano contrattato con una impresa localizzata al di fuori dell'UE converrà probabilmente instaurare un procedimento giudiziale ordinario.

Non parrebbero invece essere escluse dal campo di applicazione della direttiva le

---

102*SNFC*, la *Société Nationale des Chemins de fer Français* (tradotto in Società nazionale delle ferrovie francesi) è una delle principali aziende pubbliche francesi.

differenti forme di risoluzione delle controversie di natura aggiudicativa, dove l'organismo arbitrale sia istituito in via stabile per giudicare le controversie vertenti sui contratti del consumatore, scelta peraltro effettuata in vari Stati membri.

All'uopo si ricorda, un caso giurisprudenziale "Alassini" con cui la la Corte di Giustizia ha analizzato la conformità ai principi di equivalenza ed effettività tra l'art. 47 della Carta dei diritti fondamentali con la normativa italiana di recepimento della direttiva 2002/22/CE, che imponeva, in una lite tra un consumatore e un fornitore di servizi di telefonia, l'esperimento di un procedimento di mediazione come condizione di procedibilità della causa davanti al giudice ordinario.

Con tale pronuncia, la Corte ha vagliato la compatibilità con il diritto europeo ed i principi di effettività ed equivalenza delle norme nazionali che impongono l'obbligo di previo esperimento di una procedura stragiudiziale prima di accedere al giudizio ordinario ed ha fornito altresì indicazioni per quanto riguarda la stessa compatibilità dell'istituzione di ADR ad esito vincolante con i diritti fondamentali.

In particolare, la Corte di Giustizia, con tale pronuncia afferma il principio base per cui le istituzioni europee rendano accessibile l'utilizzo degli strumenti messi a disposizione dagli Stati membri.

A livello comunitario, la prima normativa che ha trattato il tema delle *on-line dispute resolution* è stata la direttiva 2000/31/CE sul commercio elettronico la quale, all'art. 17, indica, in materia di prestazione di servizi della società dell'informazione, che gli Stati membri debbano provvedere affinché, in caso di controversia tra il prestatore dei servizi *on-line* ed i relativi destinatari, questi debbano poter accedere, anche per vie elettroniche adeguate, agli strumenti di risoluzione stragiudiziale delle controversie

Nel tempo inoltre sono stati creati nell'UE alcuni *network* aventi lo scopo, tramite l'utilizzo di strumenti telematici, di agevolare i consumatori nella introduzione di controversie transfrontaliere presso una entità ADR situata in un diverso Stato membro.

Il primo di questi è l'*European Consumer Centres Network*[103], il quale ha l'obiettivo di

---

103*European Consumer Centres Network, la cui sigla è EEC-Net.*

aiutare i consumatori nelle liti conseguenti sugli acquisti transfrontalieri, fornendo loro le necessarie informazioni, dirigendo i consumatori verso l'entità ADR.

Ogni ECC nazionale opera in stretto contatto con i centri situati negli altri Stati mettendo in atto una sorta di rete che coadiuva i consumatori sia nella gestione dei contatti con una controparte situata in un diverso Stato membro, sia nell'introduzione e nello svolgimento di un procedimento di risoluzione delle controversie presso un organismo ADR.

Inoltre l'UE ha appoggiato il progetto ECODIR[104], ideato per fornire un servizio di risoluzione *on-line* delle controversie tra imprese e consumatori.

Infine, altro *network* creato con finalità analoghe è FIN-net, il quale è specificamente dedicato ai litigi finanziari: in caso di disputa tra un consumatore e un prestatore di servizio finanziario residenti in diversi Stati membri, il network FIN-net mette il consumatore in contatto con l'organismo competente a trattare la controversia e fornisce al consumatore tutte

---

104*ECODIR*, (acronimo che sta per *Electronic Consumer Dispute Resolution*

le informazioni necessarie per permettergli di portare avanti la procedura.

Per agevolare l'individuazione dell'organismo competente da parte del ricorrente, sulla piattaforma in questione è accessibile un elenco di organismi individuati in base all'oggetto di loro competenza e su base geografica.

Il regolamento, si applica inoltre a tutte controversie interne o internazionali C2B (*consumer to business*), introdotte quindi dal solo consumatore conformemente alla direttiva in materia di ADR, poi la disciplina ha esteso l'ambito di applicazione anche alle controversie B2C (*business to consumer).*

La piattaforma può inoltre essere utilizzata sia nell'ambito di dispute transfrontaliere che interne, anche se la stessa è stata istituita avendo come particolare obiettivo quello della risoluzione delle controversie di natura internazionale, tra consumatori e professionisti stabiliti e domiciliati in Stati membri differenti.

La disciplina circa l'utilizzo della piattaforma al fine della risoluzione on line delle controversie, si riferisce non solo alle controversie trasfrontaliere, ma anche a quelle interne da applicarsi al *mobile commerce* e al *social* *commerce, d*ovendosi considerare ricompresi anche i contratti conclusi tramite tablet o smartphone ovvero le obbligazioni contrattuali assunte tramite le cosiddette *app.*

Alla luce di quanto indicato innanzi nonché della disciplina, appare evidente che se il cliente che avesse scelto di recarsi fisicamente presso i locali del professionista e non "telematicamente" non avrebbe diritto ad utilizzare detta piattaforma ODR al fine di instaurare una controversia per veder tutelati i suoi diritti.

Appare, infatti, paradossale che, in osservanza del Regolamento UE 1215 del 2012, il consumatore avrebbe diritto a convenire il professionista nel proprio Stato[105], mentre non avrebbe diritto di accesso alla piattaforma ODR che gli permetterebbe di tentare di risolvere la lite in maniera semplice, veloce, poco costosa e senza bisogno che alcuna delle parti abbandoni lo Stato in cui si trova stabilita o domiciliata per recarsi presso un tribunale ordinario o al cospetto di un organismo ADR.

La motivazione delle differenti scelte è stata quella di aumentare la fiducia dei consumatori

---

105Ciò secondo un'interpretazione della Corte di Giustizia art 17 par n1 lett c del medesimo Regolamento UE 1215 del 2012.

e dei professionisti nel mercato unico digitale – cosa che risulterebbe garantita dalla consapevolezza degli operatori di disporre di mezzi agili e a basso costo per la risoluzione delle controversie.

Nonostante a livello europeo siano state approntate molte e diverse tutele, con un contratto concluso a livello internazionale – sebbene nel mercato unico - si percepisce come rischioso il fatto di potersi trovare costretto a difendersi davanti a giudici di Stati membri diversi da quello di domicilio, non solo per la possibilità per questi di applicare una pluralità di leggi non conosciute e con standard differenti rispetto alla legge nazionale, ma anche per i costi ingenti delle controversie transfrontaliere.

SESTA PARTE

1. Sulla Brexit e conseguenze

All'uscita del Regno Unito dall'Unione Europea – brevemente chiamato Brexit – più volte prorogato ed avvenuto il 31 gennaio 2020 si era già considerato che si sarebbero presentate una serie di difficoltà circa l'applicabilità di Convenzioni e trattati nonché normative comunitarie quali Regolamenti, Direttive .. nei rapporti tra il Regno Unito e i singoli Stati facenti ancora parte dell'Unione e nei confronti dell'Unione stessa, quale organizzazione internazionale economica e politica.

All'uopo, si sono avvicendate differenti teorie in questi anni – da quando il tema della Brexit è diventato anche un problema da risolvere soprattutto per il dopo Brexit.

La Convenzione di Bruxelles, che evidentemente avrebbe effetti solo nei confronti degli Stati firmatari della medesima, finirebbe per frammentare ulteriormente il quadro normativo.

Non può escludersi che in futuro la medesima Convenzione di Bruxelles, non troverà più applicazione non solo nei confronti della Danimarca, ma anche dei territori non europei di cui gli Stati membri hanno la rappresentanza esterna, a cui andrebbe sostituita, pertanto, e succederebbe l'applicazione della Convenzione di Lugano[106].

Rispetto, invece, alla Convenzione di Roma questo problema sarebbe praticamente assente, posto che l'unico Stato membro dell'Unione europea non vincolato è la Croazia[107], che ha aderito all'Unione solo dopo l'adozione del Regolamento Roma I.

106Convenzione di Lugano, conclusa dal 1988 tra i Stati membri della Comunità e quelli dell'Associazione europea del libero scambio (AELS, tranne il Leichtestein) al fine di istituire tra loro un sistema analogo a quello della Convenzione di Bruxelles del 1968 che prevedeva, appunto un procedimento di delibazione – per il riconoscimento dei provvedimenti e sentenze emesse da Stati stranieri e verso gli Stati contraenti della medesima Convenzione e ciò prima che delle modifiche successive.
La Corte ritiene pertanto che "dall'analisi delle disposizioni della nuova Convenzione di Lugano relative alle norme sulla competenza risulta che tali disposizioni pregiudicano l'applicazione uniforme e coerente delle norme comunitarie relative alla competenza giurisdizionale e il corretto funzionamento del sistema che queste ultime istituiscono".

Con riferimento alla Convenzione di Bruxelles, occorre evidenziare che la medesima è uno strumento pattizio senza prendere posizione sull'effettiva e perdurante *membership* inglese alla Convenzione e quindi, di riflesso, sull'effettiva esistenza di tale fonte nei rapporti con il Regno Unito.

A tal fine, occorrerà valutare la possibile reviviscenza delle Convenzioni di Bruxelles e Roma soprattutto per il più pragmatico obiettivo di identificare compiutamente il quadro normativo in vigore nel momento dell'effettivo recesso – sia esso con o senza accordo, e a prescindere dagli impegni su cui le Parti potrebbero accordarsi nell'accordo di recesso e, scaduto il suo periodo transitorio, nell'eventuale, futuro, accordo di cooperazione. Si pensi, ad esempio, alla gestione dei rapporti giuridici attualmente pendenti, per i quali può essere importante sapere se, all'indomani del recesso, le fonti convenzionali forniranno un "paracadute minimo" di disciplina comune, o se invece, in assenza di un accordo, si applicheranno (ad esempio da parte dei giudici

---

107Con l'accordo del 19 ottobre 2005 tra Comunità europea e Danimarca, la Convenzione di Bruxelles ha cessato di trovare applicazione in Danimarca in favore del Regolamento Bruxelles I.

italiani, che potrebbero essere chiamati a riconoscere o eseguire una sentenza inglese) unicamente le fonti legislative interne, eventualmente in uno con gli accordi bilaterali stipulati anche prima dell'adesione britannica alle Comunità europee e mai formalmente denunciati dal momento che l'applicabilità della Convenzione di Bruxelles in quel Paese è venuta meno con l'accordo prima, e la decisione del Consiglio poi, che hanno esteso alla Danimarca la disciplina dettata dal Regolamento di Bruxelles, come successivamente rifuso.

Almeno per il momento rimangono esclusi dal campo di applicazione dei Regolamenti (giusta la clausola generale *ex* art. 355 TFUE), ma ricompresi in quello di ambedue le Convenzioni, i territori non europei di cui gli Stati membri hanno la rappresentanza esterna: ovvero, essenzialmente, i territori d'oltremare di Francia e Paesi Bassi.

È vero che il Regno Unito non ha mai voluto estendere l'ambito di applicazione delle Convenzioni ai territori non europei di cui ha la rappresentanza internazionale – pur essendo abilitato a farlo e pur avendo affermato, in passato, di volersi muovere in tal senso, almeno con riguardo al regime di Bruxelles.

Tuttavia, ciò non significa che, aderendo ai Regolamenti, il Regno Unito abbia inteso estinguere le Convenzioni: da un lato, Londra ha accettato di riconoscere le sentenze emesse da giudici, ad esempio, dei possedimenti d'oltremare francesi e olandesi sulla base della Convenzione di Bruxelles, e non del Regolamento; parimenti, ha accettato che anche le proprie sentenze siano riconosciute da tali giudici in forza (e con i limiti) delle Convenzioni, e non dei Regolamenti.

E lo stesso è a dirsi guardando al tema della legge applicabile.

Da ciò dunque consegue che i Regolamenti non hanno implicitamente estinto le fonti convenzionali, ma – al contrario – ne hanno esplicitamente affermato la perdurante, per quanto territorialmente limitata, vigenza.

E neanche osservando la questione rispetto alla specifica sfera dei rapporti giuridici che investono o coinvolgono la Gran Bretagna può giungersi a conclusioni diverse.

Questo argomento, pare di gran lunga il più convincente a escludere la possibilità di una estinzione implicita delle Convenzioni da parte dei Regolamenti.

L'art. 59 della Convenzione di Vienna sul diritto dei trattati ammetterebbe l'estinzione implicita di fonti pattizie solo in caso di conclusione di trattati successivi.

Sullo stesso argomento la dottrina è concorde nel ritenere che la volontà di estinguere il trattato antecedente può derivare anche da una qualsiasi delle fonti elencate agli articoli 31 e 32 della Convenzione di Vienna per interpretare i trattati stessi, e quindi anche *«ogni strumento disposto da una o più parti in occasione della conclusione del trattato ed accettato dalle altre parti in quanto strumento relativo al trattato»*, ma anche *«ogni accordo ulteriore intervenuto tra le parti circa l'interpretazione del trattato o l'attuazione delle disposizioni in esso contenute»*, nonché evidentemente *«ogni ulteriore pratica seguita nell'applicazione del trattato»*

In secondo luogo, nel Trattato di Amsterdam gli Stati firmatari avevano sostanzialmente accettato che le Convenzioni potessero in futuro essere, se non estinte quantomeno evolute, per il tramite non già di altri trattati, bensì di regolamenti dell'Unione europea: in tal senso, dunque, la parità di grado tra fonti giuridiche – ammesso e non concesso che sia da considerarsi necessaria ai fini dell'applicazione dell'art. 59 della Convenzione di Vienna – potrebbe dunque essere soddisfatta per il tramite di altri trattati con riguardo alla Convenzione di Roma, dal momento che la Danimarca ha sicuramente manifestato, insieme alla volontà di non estinguere del tutto tale fonte, anche quella che altri Stati membri potessero decidere unilateralmente di farlo, aderendo al Regolamento anche successivamente alla sua adozione – come, d'altronde, è successo esattamente riguardo al Regno Unito.

Come intendere allora il recesso del Regno Unito dall'Unione?

Si potrebbe argomentare che la volontà recedente espressa dal Regno Unito sia da estendersi anche alle fonti convenzionali, in qualità di atti tra Stati membri: esse continueranno a produrre effetti nel corso del periodo transitorio, ma poi cesseranno di avere efficacia al suo termine proprio perché, a monte, il Regno Unito ha inteso recedere anche da tali atti.

Dall'altro lato, tuttavia, si potrebbe sostenere che tale bozza di accordo non dimostri la volontà recedente del Regno Unito rispetto a singoli atti, quanto il suo desiderio di disciplinare il suo più generale recesso dall'Unione.

Particolare attenzione è rivolta all'art. 68, par. 1, del Regolamento di Bruxelles I *bis*, nonché all'art. 24 del Regolamento Roma I, i quali in ambo i casi non affermano di *estinguere*, ma meramente di «*sostitui(re), tra gli Stati membri*», la disciplina dettata dalle Convenzioni (salvo che per i territori già oggetto di analisi).

Certamente, durante il decorso del periodo transitorio, il Regno Unito e gli Stati membri dell'UE si adopereranno per valutare come procedere.

Appendice normativa [108]

Legge 31 maggio del 1995 n. 218 sulla "Riforma del sistema italiano di diritto internazioanle privato"[109]

Dichiarazione Universale dei Diritti Umani[110]

Convenzione europea per la salvaguardia dei diritti dell'uomo e delle libertà fondamentali[111]

Regolamento UE n. 2201/2003 rerlativo alla alla competenza, al riconoscimento e all'esecuzione delle decisioni in materia

---

108Nella versione digitale del presente libro "Piccola guida al diritto internazionale privato, in materia di successioni ereditarie e famiglia. Con appendice linkabile" i riferimenti normativi e la modulistica indicati sono linkabili.

109https://www.normattiva.it/do/atto/ vediPermalinkatto.dataPubblicazioneGazzetta=1995-0603&atto.codiceRedazionale=095G0256

110https://www.ohchr.org/en/udhr/pages/ Language.aspx?LangID=itn

111https://www.echr.coe.int/Pages/home.aspx? p=applicants/ita&c=

matrimoniale e in materia di responsabilità genitoriale[112]

Regolamento UE n. 1259/2010 del Consiglio, del 20 dicembre 2010, nel settore della legge applicabile al divorzio e alla separazione personale ("regolamento Roma III")

Regolamento UE n. 1104/2016 riguardante gli effetti patrimoniali delle unioni registrate internazionali[113]

Regolamento UE n. 1103/2016 riguardante gli effetti patrimoniali dei matrimoni internazionali[114]

Regolamento CE n. 4/2009, relativo alle obbligazioni alimentari mira ad assicurare il

---

[112] https://beta.e-justice.europa.eu/377/IT/matrimonial_matters_and_matters_of_parental_responsibility

[113] https://beta.e-justice.europa.eu/560/IT/matters_of_the_property_consequences_of_registered_partnerships

[114] https://beta.e-justice.europa.eu/559/IT/matters_of_matrimonial_property_regimes

recupero rapido ed efficace di un credito
alimentare[115]

Regolamento CE n. 1896/2006 sull'ingiunzione
di pagamento europea[116]

Regolamento CE n. 861/2007 sul
procedimento europeo per le controversie di
modesta entità[117]

Regolamento n. 1215/2012 sulla competenza
delle autorità giurisdizionali e le regole sul
riconoscimento e l'esecuzione rapidi e semplici
delle decisioni in materia civile e commerciale
emesse negli Stati membri[118]

Regolamento CE n. 44/2001 concernente la
competenza giurisdizionale, il riconoscimento e

115https://beta.e-justice.europa.eu/355/IT/
    maintenance_obligations
116https://beta.e-justice.europa.eu/355/IT/
    maintenance_obligations
117https://beta.e-justice.europa.eu/354/IT/small_claims
118https://beta.e-justice.europa.eu/350/IT/
    brussels_i_regulation_recast

l'esecuzione delle decisioni in materia civile e commerciale[119]

Regolamento CE n. 1393/2007 relativo alla notificazione e comunicazione negli Stati membri degli atti giudiziari ed extragiudiziali in materia civile e commerciali[120]

Regolamento UE n. 650/2012 relativo alla competenza, alla legge applicabile, al riconoscimento e all'esecuzione di atti pubblici[121]

Regolamento CE n. 1206/2001 relativo alla cooperazione fra le autorità giudiziarie degli Stati membri nel settore dell'assunzione delle prove in materia civile o commerciale, con modulistica[122]

119https://beta.e-justice.europa.eu/391/IT/
    judgments_in_civil_and_commercial_matters__bruss
    els_i_regulation
120https://beta.e-justice.europa.eu/373/IT/
    serving_documents
121https://beta.e-justice.europa.eu/380/IT/succession
122https://beta.e-justice.europa.eu/374/IT/
    taking_evidence

Portale della giustizia europea[123]

Portale per la risoluzione on line delle controversie[124]

[123] https://beta.e-justice.europa.eu/?action=home&plang=it

[124] https://ec.europa.eu/consumers/odr/main/index.cfm?event=main.home2.show&lng=IT